솔향 가득한 우리 집

교음사

책을 내며

　가정의 달 오월입니다. 근로자의 날을 시작으로 어린이날, 어버이날, 부부의 날. 정해진 하루하루가 나름대로 달콤한 이벤트를 꿈꾸며 몸과 마음이 분주한 가정의 달이지만…. 무언 속에서도 아낌없이 사랑하고 서로의 마음을 더 뜻깊게 알아주는 것이 5월이 아닐지 생각해 봅니다.

　저의 수필 2집을 상재합니다. 그동안 글의 씨앗을 긁어모아 싹을 틔우기 위해 물을 뿌리고 잡초를 솎아주며 독자님들의 달고 쓴소리를 기대하며 행복한 마음의 뜻을 높여 봅니다.

　삶의 일상을 글로 표현하는 것을 취미나 희망으로 여기며 생활 속에서 낙서라도 긁적이며 창작하는 것이 내 삶의 포부이고 바람이었는데…. 잠시 건강을 잃어보니 감성의 척도는 된 가뭄을 겪는 야생화처럼 시들어가고 남실대던 강물은 작은 입자의 파편이지만, 면도날처럼 날카롭게 흩뿌리는 위력으로 시야를 막고 몸과 마음조차 발갛게 난도질하는 것 같습니다.

그래도. 꿈은 저 멀리 앞서가는데…. 무탈하던 몸에 침범한 무서운 암이라는 질병이 나를 수술대에 눕게 하고 전신이 마비된 신경은 몸뚱어리를 비수로 난도질해도 아무런 느낌을 몰랐으니….

아픔, 생명이란 인자는 소중한 것이기에 아끼고 귀하게 여겨야겠다는 마음으로 요양과 치료, 고독과 두려움, 불안함과 진통을 감내하며 이겨보려고 모든 것을 내려놓고 하루하루 기도하는 마음으로 지탱해 왔습니다.

몸과 마음이 극도로 괴로움을 당할 때 남편과 자식, 형제자매, 동서, 시누이, 친구, 지인 등 여러분들께서 베풀어주신 관심과 진심 가득한 사랑을 너무 많이 받고 나니 감개무량한 마음이 절로 나고 질풍노도로 무슨 심술을 부려도 악조건일수록 굴복하지 않겠다는 용기가 용솟음쳤습니다. 굳건한 자신감으로 회복의 온도가 하루가 다르게 높아짐을 느낄 때마다 새로운 행복이 마음의 문을 노크하며 다가왔습니다.

"아픈 만큼 성장한다."라는 말도 있지만, 막상 된 고통을 겪는 순간순간마다 주위 분들께 격려와 배려, 사랑과 인정이 넘치도록 관심 주신 점에 너무나 감사하다고 이 기회를 빌려 꼭 전하고 싶습니다.

자식들에게 칠순이라는 효도 잔치를 받고 그동안 발과 붓 가는 대로 끌어모아 엮어낸 수필 2집을 발표합니다.

세상을 살아오면서 때로는 고달프고 가엾은 일도 있었지만, 누구도 원망하지 않고 긍정으로 내일을 향해 노력했습니다. 부끄럽지 않고 후회될 일을 남기지 않으려고 늘 버릇처럼 염두에 두었건만, 뜻대로 되지 않는 것이 인생사라는 것을 뒤늦게 알게 되었습니다. 삶의 지혜와 경험을 토대로 이 나이를 먹어보니 행복이란? 자신이 생각할 탓이고 언제나 실제로 존재하는 그 시기가 가장 행복할 때라는 것도 깨닫게 되었습니다.

여태 바쁘다는 이유로 동분서주하고 시간을 갈기갈기 찢으며 생활하던 일들. 지금 나에게 남겨진 게 뭐가 있으며 주어진 것은 과연 무엇이란 말인가. 가끔 몸 아프다는 이유로 하릴없이 멍때리며 보내는 나날조차 왠지 아까운지도 모르겠습니다. 정작 본인은 허송세월(虛送歲月)로 하루씩을 삭이는데….

  표지화와 본문에 수묵화를 준비해 준 남편과 도움을 준 사진작가인 시동생께 존중하고 감사하다는 말을 꼭 전하고 싶습니다. 사랑하는 우리 가족 아들, 사위, 며느리 딸, 최원준, 최수연, 박찬우, 박승우 손자들까지 이 와중에도 발표할 수 있도록 십시일반 도움을 주고 편찬하여 날갯짓하게 용기를 준 사랑 영원토록 잊지 않고 고맙게 생각할 것입니다.

  마지막으로 이 책의 출판을 위해 아낌없이 힘써주신 이민호 선생님과 『수필문학』 강병욱 대표님 늘 고맙게 생각하며 진심으로 감사하다는 말씀도 올리고 싶습니다. 감사합니다.

2024. 6. 저자 함인숙

차례

‣ 책을 내며

1. 그까짓 밥 한 끼 굶으면 어때

그까짓 밥 한 끼 굶으면 어때 … 18
취중에 설렘 … 23
한가위 긴 연휴 … 28
가을 단상 … 31
목가적 운치 … 34
속도 시대의 울렁증 … 38
살쾡이 포식 … 43
해변의 절경 … 50

2. 하늘이 먹으래야지

수채화로 피어난 폭우 … 58

문화를 알고 행복을 얻다 … 61

하늘이 먹으라 해야지 … 65

장대추위의 고통 … 68

빗속 나그네 … 72

낙숫물의 추억 … 77

3無 5多의 독도를 다녀오며 … 80

경험이 쌓이면 스승이 된다 … 85

방쟁이집 남매 행복 찾아 떠난 길 … 90

3. 시와 철학이 숨 쉬는 곳

시와 철학이 숨 쉬는 곳 … 96
복지가 부르는 파장 … 101
미(美)의 과유불급 … 105
대나무와 소나무 정(貞) … 108
감식초 걸렀어요 … 112
관측 사상 최고 열대야 … 117
농군의 일상 … 120
뜻밖의 선물 … 122
촌지를 법으로 규정이라니 … 126

4. 파괴는 새로운 건설이다

그리운 회상의 편지 … 130
솔향 가득한 한옥의 정취 … 134
아직 갚지 못한 빚 … 139
다육이와 사랑 나누기 … 144
베트남 하노이 하롱베이 여행길 … 149
노모의 실황 … 154
대보름 밥상 … 158

5. 경북 내륙의 풍경

간장 달이는 날 … 162
아름다운 추억을 빚어내는 곳 … 168
봉사하며 깨달은 일손 돕기 … 175
동계올림픽 유치 과정을 보며 … 179
문화유적지 답사 … 183
로컬푸드 매장이 주는 농민의 행복 … 187
경북 내륙의 풍경 … 190
국제화 시대의 공포 코로나19 … 193

1

그까짓 끼니 한 끼
굶으면 어때

그까짓 밥 한 끼 굶으면 어때

"잘 주무셨어요?"

"잘 잤네. 선상님도 잘 잤지요?"

"예 저도 잘 자고 왔습니다."

5일 동안 노인요양원 방문을 열면서 나누던 인사다. 공기가 맑고 주위 환경이 정갈하며 아늑한 노인요양 시설에는 일흔 넘는 어르신이 계셨다. 나는 노인요양 자격증을 취득하고자 실습과정으로 그곳을 찾았다.

노인요양원에 관심을 둔 것은 치매 시어머니를 모시며 더 수월하고 편리한 수발과 환자를 다루는 방법이나 요령을 배우려고 교육장에 찾아갔다.

교육과정에서 '인권 보호와 의사소통 돕기, 여기 생활지원과 안전관리 노인 복지정책' 등 많은 것을 배우며 그동안 내가 어머니의 보살핌에 대한 행동이 간혹 노인학대 부분에 속한 부분도 있었다는 것을 알게 되었다.

노인요양 시설에는 치매 환자와 지체장애인, 언어소통 불가와 당뇨합병증 여러 가지 질병을 앓고 있는 환자들이 계시는 반면, 아무 질병이나 질환이 없는데 노인이라는 것 때문에 입소하신 어르신도 계셨다. 실습생들의 업무는 어르신들의 식사 돕기와 투약하기 목욕시키기와 방 정리하기, 화장실 사용 돕기와 휠체어 이동 일거수일투족을 도와드리는 일이었다. 그리고 말벗하기와 여가 활동을 돕는 일도 있었다. 배운다는 각오로 찾아간 곳이기 때문에 시어머니보다 더 심한 질환으로 고생하시는 방을 선택해서 배정받았다.

어르신들은 내 속내도 모르시고 가까이 다가갈수록 사랑과 외로움에 굶주린 아이처럼 좋아하셨다.

"그까짓 한 끼니 거르면 어때? 여기 와서 얘기하면서 놀아." 맛있는 음식보다 따뜻한 말벗을 더 좋아하시는 어르신들은 시선에서 벗어나시는 것을 싫어하시고 안마를 해 드리거나 여러 가지 놀이와 게임. 노래자랑을 함께하는 동안 어르신들의 정체와 삶의 환경 정도를 표현하는 말과 행동으로 대충 알 수 있었다.

낯익을 무렵 조심스레 '청춘을 돌려받는다면 어떻게 보낼 것인가.'를 화두로 허심탄회하게 말해 보자는 의견을 제의했다. 내 말이 떨어지기 무섭게 어르신들은 "돈을 많이 벌고 싶다." 약속이라도 한 것처럼 동시에 말씀하셨다.

"돈이 왜 필요하세요.?"라고 묻자, 그때부터 깊이 숨겨오던 사정을 얼레 연줄 풀듯 자연스럽게 꺼내며 말씀하셨다.

"돈을 많이 벌어서 좋은 집에서 살고 싶다." "그냥 실컷 써보고 싶다." "맛있는 것 실컷 사 먹고 싶다." "돈이 많으면 손자들한테도 나누어 주고 자식 가까이 집을 지어 옆에서 살고 싶다." 라며 눈시울을 적시는 분도 계셨다.

"돈을 벌 수가 없으니 돈 많은 신랑이라도 만났으면 좋겠다." 라고 한 분이 말씀하시자. 방 안은 한바탕 소탈한 웃음소리를 들을 수 있었지만, 내심에는 많은 원한이 담긴 느낌을 받았다.

그러자 인천댁 할머니가 "돈이 많으면 우리가 왜 이곳에 들어왔겠어. 여기는 마지막 길인데…." 한탄하듯 어르신의 말씀이 끝나자 하나같이 고개를 끄덕이시며 "그럼, 그럼" 긴 숨에 묻어나오는 원망에는 그만 눈물까지 보이셨,

어르신은 나한테 말머리를 유도하셨다. 어렵게 살아오신 삶의 역사와 자식들의 태도 가슴속에 이끼 쌓인 사정을 얘기하며 7남매나 되는 새끼의 숨겨둔 비밀은 뚜껑만 열뿐 더 이상 꺼내지 않으셨다.

85세의 연세에 단정하고 깔끔하신 어르신은 20~30년 세월을 돌려받는다면서 차라리 포기하겠다는 말씀을 하시며 "30~40세 청춘으로 돌아가서 돈이나 많이 벌어 잘 써 보고 싶다."라고 하

셨다.

　어르신 모두 시종일관 돈에 대한 집념을 강하게 표현하셨다. 시간이 길어지자 왁자지껄 쏟아내는 말씀은 더 듣고 싶지 않을 정도로 부정적인 감정이 쌓여 있었다. 아니 내가 듣고 싶다고 하면 통곡하시며 하소연이라도 할 격한 분위기에 말머리를 돌렸다.

　치매 어머니와 함께 산다고 하니 순간 어르신들은 내 손을 꽉 잡으시고 "고맙고 정말 잘하오, 젊은이 언젠간 복 받겠소." 듣기 민망스러울 정도로 칭찬들 하시며 "끝까지 집에서 모셔주오." 새끼손가락을 걸며 "약속합시다."라는 부탁의 말씀도 하셨다.

　어르신들이 묻어둔 말씀 뒤에는 가족의 사랑 결핍과 그리움, 정든 고향과 집에서 살던 이웃과 친인척의 보고 싶음이 마음속 깊이 꽉 차 있었다.

　노인요양 시설에는 하루 세 끼 따뜻한 식사와 맛있는 간식, 다양한 공연과 즐거운 시간. 편안한 잠자리와 새로운 벗 등 최대한 보살핌으로 대우 받지만, 그분들의 소원은 당신들이 살고 지내오던 집으로 돌아가고 싶은 것이었다. 보살펴드릴 자식이 없다는 것을 알면서 집에 가고 싶은 것은 한 올이라도 따뜻한 가족의 정을 그리기 때문이라는 생각이 들었다.

　표면적으로 한 점 불편함이 없어 보였지만, 또 다른 자유로움이 더 간절하다는 것을 느낄 수 있었다.

　실습 마지막 날 조심조심 인사를 드리자, "내 약속 잊지 마소."

말씀하면서 모두 내 손을 꽉 잡으며 아쉬운 작별 인사를 했다.
"젊은이 여기 와서 돕지 않아도 도울 사람 많으니 시어머니한테 잘 해 드리게나." 하신 말씀 뒤에는 과연 무슨 뜻이 숨어 있을까?

어머니는 시설에서 해 드리는 메뉴보다 때로는 부실한 반찬으로 식사하시지만, 그 어르신보다 건강하고 활기찬 것은 사랑과 자유로움, 끈끈한 정이 질 높은 보호보다 낫다는 것을 느끼며 교육과정 새로운 것을 배우고 앞으로는 나의 삶도 그 어르신들이 계시는 곳으로 향하겠다, 생각하니 왠지 서글퍼진다.

취중에 설렘

왠지 마음이 설렌다. 꼭 뜻밖의 행운이 올 것 같은 느낌도 든다. 만추에 오색찬란하게 치장한 자연을 보는 것만도 설렘인데, 말 한마디로 침체한 기분을 상기시키다니 아무튼 축하해 줄 일이다.

요즘 우리 부부는 각자 다른 취미 생활에 몰두하며 시간을 보낸다. 그런데 3~40대에는 같이 수석 모으기나 나무를 화분에 기르는 분재에도 관심을 두고 몸이 깨지고 부러져도 아랑곳하지 않는 생활을 했었다.

휴일이면 도시락을 싸서 배낭을 짊어지고 산과 강을 헤집고 다니기도 했지만, 손가락 한 마디만큼 자라는 해송을 뽑겠다고 벼랑 끝에 거꾸로 매달리는 위험한 행동도 했었다. 때로는 산등선에서 몸무게만큼 나가는 돌을 머리에 이고 그것도 모자라 옆구리에 동여매 죽을 둥 살 둥 해도 마음이 설레고 기분이 좋았다. 일흔이 넘은 요즘, 생각하면 할수록 그때 추억은 즐거웠지만, 다시 시작하자고 하면 먼저 안 한다고 포기할 것 같다.

그렇게 어렵사리 수집한 돌과 나무였지만, 특히 수석은 집에 와서 보면 왠지 현장에서 볼 때보다 작품성이 떨어져 보이면 바로 자연으로 돌려준 것이 훨씬 더 많다. 그때는 서로 자연을 훼손하는 것이라며 말은 늘 하면서 곧장 멈추지 못했으니 얼마나 부끄러운 일인가. 일흔이 넘은 나이에서야 철드나 보다 한 점 두 점 자연으로 돌려주는 연습 중이다.

전문적인 지식은 아니었어도 한동안 몰두한 취미 덕분에 돌의 색채나 구성 무늬와 형태, 그리고 산수경석으로 축소된 수석을 보면 감탄과 설렘이 가슴에서 스멀스멀 춤을 춘다. 자연이 품고 있는 고귀함과 아름다움의 한계는 어디까지인가? 예상 밖의 결과에 놀랄 때도 많았다.

분재 또한 키우는 방법과 나무의 특징도 잘 알아야 한다. 나무는 종류마다 성질이 다르므로 작품성을 살리려면 음양의 길이와 공간성의 여백, 화분의 형태도 중요하다.

분재의 기본 관리법은 물주기가 일 순위라고 볼 수 있다. 물 관리에 따라서 분재 가꾸기의 성공과 실패의 결정이 정해진다. 물은 대체로 마르지 않게 잎을 적실 정도만 주고 분토 흙에 흠뻑 주어야 한다.

계절과 날씨에 따라 조금 다를 수도 있지만, 우리는 주로 소나무와 주목, 모과나무와 향나무 등이며 30~40년 이상 함께한 세월 덕분에 그네들의 잎과 줄기만 관찰해도 건강 상태나 수분 미흡 정도를 알아차리는 수준이라 요즘은 가지치기와 자세를 바로잡는 데 정성을 더 들인다.

사람도 몸치장에 따라 맵시가 달라 보이듯이 분재는 가지 하나하나와 줄기의 기본 틀부터 잘 잡아주면서 기르는 것이 중요하다. 침엽수와 활엽수 나무마다 흡수량도 다를 수 있어 항상 관심을 주지 않으면 머잖아 폐목이 되므로 늘 애완견 돌보듯 관심을 주는 생활을 하게 된다.

40년 전 바닷가 험하게 비탈진 곳에서 손가락만큼 자란 해송을 뽑아 배낭 속에 넣어 왔다. 모과나무, 향나무 등 정성을 주며 몇십 년이란 세월이 지나자, 화분에서 아름 커진 분재들이 미적 연출로 정원에 멋의 장르를 높인다. 그들의 고향은 우리 부부는 깨알같이 모두 기억하고 있다. 오가며 구경하고 사진을 찍는 이들로 하여금 미감(美感)의 환호와 감탄, 사랑과 부러움을 받으면 기분이 매우 좋다.

어느 날 취중에 남편이 하는 말 "이번에는 대상이라네." 설레는 모습으로 밑도 끝도 없는 말을 던진다.

넋이 나간 듯 멍하게 바라보는 나에게 "내가 신사임당 전국 서예대전에 출품했더니 대상이라네." 영문을 모르고 아무 대답하지 않자, 반복해서 말한다.

"뭐랬어요?"

"그냥 그렇다고."

누가 이 장면을 보고 들으면 아마 우리 부부는 싸우기라도 한 것처럼 느낄 것이다.

평소에 말수가 아주 적은 남편과 생활하는 나는 말수와 말하는 기교를 늘려주기 위해 무던히 노력도 하건만, 남편은 제자리걸음 나는 수다쟁이 아내로 된 것 같다.

남편의 기분이 얼마나 설렜으면 저런 말로 표현했을까? 너무나 뜻밖의 말을 듣고 나니 오히려 듣는 나도 설렘이다.

수고했노라고 감사하다고 스킨십으로 말은 했지만, 주먹으로 한 대 맞은 듯 정신도 얼얼했다.

남편은 농사나 사업을 빈틈없이 이끌고 나가면서 사십 년 전부터 취미로 붓도 잡았다. 아마도 한 달 중 저녁이면 20일 이상은 퇴근 후 서실이나 작업실에서 시간을 보낸다. 주로 한국화를 비롯하여 수묵 담채화도 그렸지만, 12폭 병풍에 그림과 한시를 직접 써서 시집가는 딸에게 혼수품으로 보내기도 했다. 요즘은 서각에 몰두하는 시간을 보낸다. 그 덕분에 본인의 작품들로 집안이 가득하고 짜증스러울 때도 있으나 어찌할 수가 없다.

그동안 국전을 비롯해 여러 곳의 작품전에서 대상이라는 수상을 받았어도 아무 말도 없었는데…. 가까운 강릉에서 시상식을 한다기에 따라나섰다. 북적이는 장소에 성대한 시상식장에 들어서자 묵묵한 남편 옆에 선 내 마음이 왠지 설렜다. 수상자들과 함께한 가족 친지들이 전시된 작품에 볼거리를 즐기며 웅성거리는 소리를 엿듣는 것도 재미가 쏠쏠했지만, 난 그동안 뭘 했지?

 가슴 한편에서 서운한 감성이 움틀 댄다. 기타를 치며 동아리 활동을 하고 공연은 하지만, 무형문화예술이라 휴대전화 속에 사진 외에는 남는 게 없어 냉가슴에 허기가 온다. 머잖아 취미로 써온 수필들을 교정하고 정리하여 2집 출간을 내야겠다는 욕심이 앞선다. 서두르기보다 침착하게 한 편씩 엮어서 일흔 넘은 부부가 경쟁하듯 함께 더 설레는 깜짝 작품집에 몰두하리라.

한가위 긴 연휴

 고유의 명절 추석이다. 올해는 국군의 날 개천절, 한글날까지 휴일이 겹쳐서 열흘이나 쉬는 연휴이다. 몇 개월 전부터 방송에서는 황금연휴라며 보도하고 국내외 숙박이나 항공권 예약이 매진됐다고 야단법석이니…. 이 기간에는 어디라도 떠나지 않으면 무능력자 같은 느낌이 들 정도로 군중심리에 휩싸이게 된다.
 예전에는 추석이면 타향살이하던 가족은 웬만하면 고향을 찾는 것은 당연한 줄 알았다. 화기애애한 가족들의 분위기에 아낙네들은 옹기종기 둘러앉아 송편도 빚고 튀김과 전을 부치며 음식을 만들었다. 그리고 푸짐한 술상 차림으로 함께 술잔을 기울이며 각자 삶의 경험담을 한 편의 드라마처럼 우스갯소리로 추억을 엮기도 하지만, 아이들은 왁자지껄 온정 가득한 분위기를 만들기도 했다.

아무튼, 음으로 양으로 기다림과 그리움의 허기를 채우는 즐겁고 재밌는 명절을 보냈다. 그런데 요즘은 어떤가. 손수 만드는 음식보다 마트에서 완전 제례 용품을 구입하는 세대로 변화되었다. 빨리 빨리라는 단어와 신속한 정보, 생활 습관의 진행 속도가 기하급수적이라 일상생활도 재촉과 서두름으로 바뀌는 것 같다.

관혼상제의 문화도 편리함이 우선인 것 같다. 조상님의 기일이나 차례를 지내는 것까지 후손들의 일정에 따라서 이곳저곳 옮겨 다니며 제사상을 올린다니…. 참으로 일상생활의 변하는 속도가 상상을 초월할 정도로 바뀌고 달라짐이 매우 심해서 깜짝 놀랄 때도 많다. 나이 탓인가! 이런 시대를 접하니 '조상님들도 후손들의 뒤를 잘 따라야 이동식 제례 상도 받겠구나.' 생각할수록 쓸쓸하다.

특히 올해는 긴 황금연휴라며 거동이 불편한 노부모를 내팽개치고 외국 여행을 떠났다는 이웃 형님들의 말을 들으니 이동식 차례상도 감사하다는 생각이 든다.

그런 가문이 있기도 하지만, 올해에도 우리 집안은 추석날 오십네 명의 자손들이 이 산 저 산 조상님 산소를 찾아다니며 인사를 하고 돌보며 지냈다. 그 가운데는 두 돌을 지난 아기가 있는가 하면 여든이 넘은 어른도 계셨다. 아기를 업거나 안고, 목마에 태우거나 뒤에서 밀며 언덕배기 산에 오르면서도 자손들의 불평 없는 모습에 감사했다. 제례를 지내고 음식을 나눠 먹으며 집안의 풍속을 후손들에게 알리는 시간도 가졌다.

촌수를 따지자면 형제와 사촌, 육촌, 팔촌까지다. 머지않아 십촌도 생길 것 같다. 요즘 같은 시대에는 보기 드문 조상숭배 문화이지만, 서로 불편하다고 말하는 며느리는 아직 없었다. 오히려 제물을 나눠 먹는 시간에는 조상님 산소 앞에서 한데 모여 전통 가문 제례 풍습을 유지하는 게 좋다는 젊은 후손들의 말을 들으니, 어른들은 시대 따라 살라고는 했으나 대견스럽고 고맙다는 표정을 감출 수 없다.

모두가 다녀간 추석이 끝날 무렵, 부모들끼리 인제 양양고속도로를 향해 집을 나섰다. 우리나라에서 가장 길고 세계에서 열한 번째라는 긴 터널이었다. 상하행선에 하나뿐이 내린천 휴게소는 조각 미술작품 같은 새로운 분위기였다. 서둘러 백담사에 들렀더니 가족과 함께 명절을 보낸 화기애애한 소통의 장날 같은 인산인해였다. 전혀 모르는 분들이지만, 참 보기 좋았다.

번잡스럽지 않은 도로에 조용히 질주하며 다녀온 짧은 하루 관광, 정직하게 살면 뭔가 손해 보는 느낌이 드는 요즘 사회를 보면서 우리 집안 풍습을 익히며 배려하는 며느리 손자 모두 아주 감사하고 너무 고맙다는 생각이 든다.

가을 단상

가을은 서둘러 달려오고 잎새는 하루가 다르게 변덕을 부린다. 눈곱만한 연둣빛 새싹이 나뭇가지에 찰싹 붙어 오돌오돌 떨던 것이 엊그제 같은데, 어느덧 손바닥만큼이나 자라 채색하느라 바쁘다 '저들은 자존심 중시로 오래도록 지탱할 것 같지만, 머잖아 추한 모습 되어 발밑에서 나뒹군다.' 생각하니 애틋해 보인다.

아름답고 화려하게 채색된 가을 풍경을 볼 때면 왠지 바깥으로 나가고 싶어진다. 양 볼에 내려앉은 시원한 공기의 맛이 달콤하고, 햇빛에 찬란하게 반짝이는 단풍을 보면 눈의 피로감도 풀려 즉흥 시어로 되든 말든 창작하며 읊조려도 본다.

봄은 올챙이처럼 오물오물 피어나는 매화 느낌이라면 여름은 치열한 생존경쟁에 분투하는 중년의 분주함이다. 다양한 풍경과 뚜렷한 캐릭터를 자아내는 가을은 구경꾼을 산에서 불러 속내

찌든 땟물을 치유하는 명약의 위력도 가지고 있는 것 같다. 겨울은 속절없는 계절 같지만, 잉태한 만물을 재탄생시키려는 준비 기간이 아닐까?

 자연도 성장통을 앓는 모양이다. 올해는 사흘이 멀다 하게 비가 오는가 하면 태풍이 일곱 번째로 연이어지니 삶의 질도 떨어지는 것 같다. 질퍽한 농지에서 몸살을 앓는 농작물의 신음이 요란하다. 그로 인해 재난 피해가 천문학적이라고 하지만, 구릿빛 피부에 왠지 초라해 보이는 농군은 자식처럼 보살펴 오던 농작물들이 삽시간에 쑥대밭으로 되자 어찌한단 말인가! 바짝 마른 입술을 깨물며 서성이는 모습을 보니 애처롭기 그지없다

 태풍은 지구의 여러 곳에서 발생하고 지역에 따라 명칭도 다르다. 북태평양 서부에서 시작할 경우에는 태풍이라 하고 북태평양 동부 북대서양 카리브해에서 발생할 경우에는 허리케인. 벵골만 인도양 등에서 발생할 경우는 사이클론이라 한다. 태풍 중심부의 눈에서 발생하는 거센 강풍과 강수량은 순식간에 아름드리 나무를 밀쳐내고 집채 같은 흙더미를 사라지게 하는 피해, 해일과 홍수, 인류가 겪는 재난 중 가장 큰 자연재해라고 볼 수 있겠다.

 어수선한 일상에서 겪는 역경 또한 슬픔인데…. 자연재해로 순식간에 빈털터리가 되어 마른 혓바닥을 차며 고통을 감내하는 이웃을 보는 것도 아픔이지만, 삶의 의욕까지 떨어진다.

가을은 금빛 물결을 거두어들이는 수확의 계절이다. 그동안 동식물과 병해충들도 사람과 같이 생로병사를 거쳤겠지만, 이로움과 해로움을 교감하는 공존의 삶 결과물이라고 본다. 자연에 소속된 모든 생명체가 아무 고통 없는 생활만 지속된다면 무미건조할 것 같고 경쟁과 분투 속에서 다져진다면 역경을 이겨내는 강인한 위력도 생길 것 같다

예전에는 가을을 '남자와 독서의 계절, 천고마비와 결실의 계절'이라고 말했다면 급속도로 변화하는 문화와 환경적인 요소 때문에 요즘은 진화하는 과정의 수습 기간이라는 생각이 든다. 고목에 말라비틀어진 단풍이나 거리에서 방황하는 노령의 애틋하고 처절한 모습보다는 싱그러움이 넘치는 짙푸른 잎새와 아장걸음으로 엄마와 나들이하는 아름다운 계절이기를 소원해 본다.

목가적 운치

 새벽 세 시 눈까풀이 가볍다. 곤히 새벽잠에 떨어진 남편이 일어나기라도 할까 고양이 걸음으로 침구에서 나온다. 몇 년 전부터 오월 초에는 삼척 언니와 서울 동생 세 부부가 여행을 떠난다. 지난해는 서해안 백령도를 다녀왔지만, 올해는 남해안 2박 3일을 약속한지라 김밥을 말기 위해 세 시부터 서둘렀다. 치즈김밥 열 줄. 이것저것 넣었더니 굵기가 만만치 않았으나 오색 찬란 보기만 해도 군침이 돈다.
 어느덧 구름 사이로 살포시 얼굴을 내민 해님을 보니 행복 수치가 용솟음친다. 동해에서 중앙고속도로와 중부, 경부, 호남 고속도로를 통과하려니 며칠 이어지는 황금연휴 때문인지 차들의 행렬이 끝이 보이지 않는다. 그러나 소박하고 청아한 창밖의 운치는 갓 시집온 새댁 같은 분위기다.

첫 목적지 여수 돌산대교 해상케이블카에 도착하니 열두 시간 이상 걸렸다. 그래도 막내아우 내외를 보는 것만도 행복했다. 이곳은 긴 가뭄 끝에 꿀 같은 비가 내린다. 어쩜 을씨년스러울 수도 있지만, 말라비틀어지는 농작물에 생기가 돌고 고즈넉한 푸른 산세를 보니 평화롭고 서정의 멋이 평소 자연의 모습보다 더 멋져 보인다. 해풍에 실려 동행하는 해무와 가랑비가 해상케이블카 창밖 광경을 베일처럼 막는데도 방방곡곡에서 모여든 행객들이 유리창에 얼굴을 맞대고 사진 찍느라 분주하다.

 돌산공원에서 자산공원까지 케이블카 타는 시간은 불과 십 분 내외인데…, 좁은 공간에서 나그네들의 특색 있는 사투리를 듣는 체험도 쏠쏠하다. 여기서 오동도까지 1km 남짓한 거리인데, 형부와 제부 삼 동서는 우산 속으로 파고드는 빗줄기 탓일까? 다음 장소를 꺼린다. 그러나 하프마라톤에 완주하는 서울 아우와 매일 만 보 이상을 걷는 바지런한 삼척 언니는 남의 속도 아랑곳하지 않고 돌직구로 앞장서 걷는다.

 오동도에 도착하자 빽빽한 동백나무에서 송두리째 떨어진 굵은 꽃송이를 보니 노처녀 딸을 시집보낸 엄마의 마음처럼 애잔하고 시원섭섭해 보였다. 해가 뉘엿뉘엿 저물어지자 몇 컷의 사진으로 추억을 담고 발바닥까지 지친 것 같아서 아쉬움은 가득하지만, 발걸음을 돌렸다.

 이튿날 이른 아침부터 순천만 갈대 습지에 갔다. 넓고 긴 그곳의 우아하게 일렁이는 갈대 춤사위는 어떤 궁중무 못지않게 운치가 멋스러웠다. 마침 순천만 국제정원박람회 개최 중인지라 북적대는 인파도 큰 볼거리였다. 33만 육천여 평의 대지에 한국을 비롯한 영국, 중국, 독일 등 11개국의 정원을 모티브로 조성되어 있었다. 너무나 광범위하기도 했지만, 목가적인 운치 하나하나가 정성과 섬세함이 풍겼다. 자연과 예술의 미적 구성으로 조성된 느낌은 미술과 문학, 문화를 자아냈고 정원의 변천 과정을 연출하는 것처럼 보였다.

어느 한 군데라도 빼먹을세라 재촉하면서 은근히 가파른 산세에 앉은 한국 정원의 정자와 대나무, 그리고 소나무가 앉은 멋진 모습을 보면서 '이곳이야말로 목가적인 운치로구나.' 하면서 볼거리와 먹을거리, 즐길거리가 유혹하는 곳을 혹여 놓이기라도 할세라 종종걸음으로 서둘렀지만, 시간은 비호(飛虎)같아 허기짐을 달래며 종료했다.

겨우 음료 한 캔 손에 들고 낙안 읍성에 도착하자. 조선시대와 근현대 생활상의 보존 관리를 보면서 교육 현장으로 높이 평가한다. 특히 읍성 안에서 아담한 초가(草家)의 내부를 개축하여 여행객들에게 숙박 장소로 대여한 것을 보면서 좋은 체험의 이벤트라는 느낌이 들었다. 성안이 워낙 넓어 적당한 선에서 뒤로하고 남해안 유람에 빠진 우리는 벌교『태백산맥』(집필자, 조정래) 문학관과 현부자 집터를 보고 고흥 녹동항에서 신선하고 푸짐한 회로 포식하며 하룻밤을 지냈다.

 여행 3일째, 일찍부터 운전대를 잡고 거금도 생태공원을 거쳐 고흥 소록도 한센인 마을에 도착했다. 그곳은 지금이야 육지와 섬을 잇는 다리가 잘 놓여 있지만, 예전에는 아무나 드나들 수 없는 고립된 장소였다. 한센병 환자들이 거주하는 바다 가운데 있는 작은 섬마을 소록도, 지난 세월 그들이 거주했던 집이나 치료실, 표지판에 수록된 문구를 보자 가슴 위에 바위를 얹어 놓은 듯 마음이 저려 해설사의 설명을 참고로 돌아섰다. 변산반도 국립공원과 채석강을 둘러보는 것으로 여행 행로를 마쳤다.

 이박 삼일 강행군이었어도 설렘으로 떠나던 첫날의 기분은 아직 녹아내리지 않지만, 매년 기다려지는 5월. 누가 '여행은 인생의 축소판'이라 했던가. 짧은 기간 속에 칠십 년 삶의 희로애락이 넘나들며 팍팍한 일정이었으나, 언제나 다음 해 행선지의 꿈을 기대하며 생활하리라.

속도 시대의 울렁증

한적한 오후, 유무선 통신을 생각하게 되었다. 통신이 교차하는 것을 상상하니 공중에서 과부하로 크나큰 이변이 나타날 것 같은데, 그래도 별문제 없이 그림과 문자, 숫자와 이모티콘 별의별 통신교통이 인간 생활을 편리하게 만들어 준다.

사람들이 매일 사용하는 메시지 숫자와 통화량은 상상만 해도 천문학적 숫자일 것 같아 울렁증이 난다. 사무실에서의 각종 정보나 문서, 고속데이터 이동과 팩스, 고화질의 동영상, 컴퓨터나 디지털카메라, 카톡, 카카오스토리 등 모든 시스템을 편리대로 사용하면서 미지의 세계는 어떻게 진화하고 기하급수적인 발달에 한계는 어디까지 진행될까? 캡션 마크가 붙는다.

얼마 전 평소 가지고 있던 휴대전화의 부품 일부가 깨지는 바람에 스마트폰을 교체하게 되었다. 고쳐서 사용하려고 했으나 새

스마트폰은 공짜이고 수리비는 몇십만 원이 든다고 했다. 대신 공짜 스마트폰은 사용 약정 기간이 있고 요금이 조금 더 나올 수 있다는 얘기도 했다. 어쩜 소비 성향을 부추기는 일이고 손자를 둔 할머니가 매월 요금을 더 지불한다는데…. 공짜에 쏠려 새 것을 선택해야 할까 망설이던 차에 "휴대전화는 수시로 바뀌기 때문에 요즘 많이 사용하는 기기로 바꾸는 것이 좋을 것 같다."는 남편의 권유에 최신형 기계에 최다 보유량을 겸비한 폰을 갖게 되었다.

그러나 최신 제품과 최고의 기능이라 하기에 사용도 편리할 것 같아 선택한 것이 후회막급한 일이 벌어졌다. 몇 년 동안 사용하던 휴대폰에 길들어서 그런지 새로운 스마트폰을 사용하기가 너무나 어렵고 불편했다.

단순하고 어둔한 기계에 익숙해졌던 것과는 달리 새로운 스마트폰은 자판을 순발력 있게 터치해야 순조롭게 사용할 수 있었다. 이제는 행동도 느려지고 기억까지 가물가물한 나로서는 배우고 익히기를 수십 차례, 둔해진 동작 때문에 몇 번 반납하려고 했다.

몇 개월 동안 골머리를 앓으며 방법을 대충 터득했으나 길을 걸으면서 메시지를 날리고 운전을 하면서도 쉽게 뚜껑을 열어 통화할 수 있던 휴대전화에 비교하니 새로 구입한 스마트폰이 정이 들지 않았다. 얼마간 방치 상태로 보내다 보니 나의 행방을 추적하는 지인들의 아우성이 또 소란스럽기도 했다. 신경전 끝에 꼭 필요로 하는 액정판의 몇 가지 기능만 터득했다.

열심히 습득하면 일상생활을 나름대로 편리하고 새로운 정보교환으로 활력을 생산하는 발전소 같기도 하지만, 한동안 많은 스트레스도 받았다. 나이 탓일까? 요즘 나는 물건을 구입할 때 간편하고 일손이 덜 가며 편리한 것을 우선으로 택한다. 예전에는 복잡해도 우아해 보이고, 좁은 공간이라도 예쁘게 장식할 수 있는 물건을 선택했지만, 이제는 손길이 많이 가지 않고 고급스럽고 아기자기함보다 간편하며 텅 빈 넓은 공간이 시원스러워 그런 쪽을 선호하게 된다.

스마트폰과 끈질긴 신경전을 벌인 덕에 요즘은 손자들과 자식들의 동영상을 수시로 주고받는다. 손바닥만 한 바탕 화면에 몇 십 개 깔려 있는 아이콘이나 이모티콘은 사용할 줄 아는 것보다 모르는 것이 훨씬 더 많지만 그나마 카톡이나 카카오스토리, 인터넷을 사용하면서 자식들과 정보를 공유하는 시간이 있다는 것에 나만의 행복에 젖는다. 그리고 대화로 하지 못하는 표현을 문자나 이모티콘을 사용하면서 서로 사생활을 허심탄회하게 털어놓기도 한다. 말로 표현하기 힘든 감정이나 느낌을 재미있는 표정이나 모양으로 열린 통신문화 공간을 이용하므로 오히려 더 밀접한 관계가 되는 것 같다.

30~40년 전 상상으로 끝날 줄만 알았던 통신과학의 발달이

현실로 돌아왔다. 변천의 속도가 너무 빠르게 진행되어 흉내 정도 내면서 따라가는 것도 입술이 마르도록 숨 가쁘다. 그렇다고 아예 무시해 버리려니 생활에 또 다른 불편함을 겪을 것 같아 빈 옥수수 송이 굵듯이 마라톤 선수의 마지막 주자처럼 천천히 가는 중이다.

요즘에는 겨우 걸음마를 하는 꼬맹이도 스마트폰을 들고 꼼지락거리며 노는 것을 자주 본다. 그리고 어린이들이 필수품처럼 들고 다니며 거리에서 고개를 푹 숙이고 정신없이 몰두하는 것을 보면 건강에 끼치는 해가 얼마나 많을까 걱정스럽다. 사회의 각종 범죄나 도덕 불감증으로 아이들의 보호 차원에서 구입해 주기도 하지만, 사춘기나 성장기 어린이들에게는 시기적으로 적합하지 못한 프로그램들이 무제한 개방되어 있어서 훗날 치료하기 힘든 또 다른 사회적인 문제가 발생할 것 같아 손자를 둔 할머니 입장에서는 두렵기도 하다.

지붕 꼭대기에서 안테나를 매달고, 주파수를 맞추어야 라디오를 듣고 텔레비전을 보던 시대는 조금은 불편했지만, 오순도순 정겨움은 살아 있었다. 몇 시간씩 목을 숙여 스마트폰 자판에 올인 하는 사춘기 아이들은 무언(無言)에서 일상생활이 교류되고 거기서 얻어지는 감성의 척도는 무엇을 의미하는지 알 수가 없다.

무선의 영역이 확대되므로 편리한 점도 많지만, 삶의 색다른 오염이 침범하는 것도 많다. 그것을 정화시킬 수 있는 클린 반도

체 개발이 더 시급한 것이 아닐까 생각해 본다. 불분명한 쿠폰의 유혹과 악의적인 해커들, 본인 의사에 상관없이 상권이 오가는 비합리적인 아이템 개발은 신종 사기 수법이고 사회의 이슈가 되는 큰 문제점이지 않은가.

사정에 따라 비밀로 처리할 자료들을 밤새 도난당하거나 파괴됐다는 소식을 들을 때는 첨단기기의 발달은 인간의 능력으로 만들었지만, 인간은 그 기계에 지배를 받으며 이용되는 것이구나 생각하게 된다. 나날이 발전하는 통신 수단으로 인하여 인간이 퇴화의 무덤을 서둘러 파는 것 같아서 다음 시대의 발달 과정이 조심스러워지기도 한다.

아날로그보다는 디지털이 편리하고 하드웨어보다는 소프트웨어가 편리하다고 하지만, 편리만 추구한다면 양극화로 나타나는 정신과 육체가 입는 건강의 피해는 무엇으로 치유될까. 무방비 상태에서 벌어지는 심한 개방과 노출, 급성장하는 통신 문화가 정도에 맞게 정화시키면서 발달했으면 하고 바랄 뿐이다.

살쾡이 포식

 성격과 취미가 비슷한 우리 부부, 밤이면 각자 동아리 방에서 취미 생활을 하고 낮이면 밭에서 비지땀을 흘리면서도 서로 찰떡궁합 천생연분이야. 우스갯소리로 위로도 한다.
 남편은 오십 대 초반에 이십 년 이상 근무하던 회사를 명예퇴직하고 시간을 보내는 것은 무엇보다 힘든 고통이었다. 취미 생활과 운동을 해 봐야 하루의 일부분, 이마를 맞대며 함께하는 행복함도 서너 달 지나자 한계가 느껴지고 활동량이 적어서 삼식이(하루 세 끼 식사하는 것) 생활도 소화 기능이 떨어져 속까지 편하지 않았다.
 식전부터 허기진 배를 부여잡으시며 일하시던 부모님을 한 번의 호밋자루라도 도와드렸더라면 농사일의 순서라도 알 텐데, 회사에 출근한다는 이유로 삼십 년 이상 대가족 생활을 하면서도 농토 주위를 서성거리지도 않다가 부모님께서 바통을 받고 보니 소홀한 논밭은 산야가 되어 야생동물의 놀이터로 변했다.

그러다 농군 경력 10년이 지나자, 제때 씨 뿌리고 가꾸는 시기도 알고 유기농 회원이 되어 무농약 친환경 인증서까지 받게 되었다. 여기에 도달하기까지는 유통의 때를 놓쳐 훤칠한 농작물을 갈아엎기도 하고 특히 중간 상인의 헐값 매매로 가격이 놓아남을 당할 때는 네 탓, 내 탓이라고 하며 부부 싸움으로 며칠씩 농사일에 손 놓기도 했었다. 흙투성이 된 작업복을 씻으면서 얼마나 살겠다고, 언제 포기할까? 늘 망설임의 연속이었지만, 이제는 토질을 높이기 위해 잡념은 관심 밖이고 새벽이면 작물이 부르는 소리에 밭으로 나가 비지땀을 쏟을수록 보약 마시는 느낌이 든다.

척박한 황무지나 허드레 땅이라도 2~3년 충분한 거름을 주고 가꾸면 튼실한 농작물을 생산할 수 있다. 옥토를 유지하기 위해서는 투자를 아끼지 말아야 하는 것은 농민의 자세다. 영농자재비는 해마다 닭 볏처럼 치솟고 투자비를 아끼니 작물의 질이 떨어져서 소비자에게 외면당할까? 허리띠를 더 조일망정 먼저 쓰고 보는 것이 농민들의 실정이다.

주어진 일마다 다부지게 임하면 작은 꿈이라도 성취한다는 사명감으로 생활하는 우리 부부는 각자 농협 조합원 가입과 농업인 경영체 등록을 했다. 기술을 익히고 일지를 쓰고, 정보를 쌓으면서 소자본에 잉여가치가 조금이라도 높은 것도 구상하게 되었다.

먼저 밭 언덕과 비탈진 주위에 과일나무(감, 매실, 살구, 자두, 호두)를 심었다. 과목은 심어 놓기만 하면 튼실하게 자랄 줄 알았는데, 관심을 놓으니, 영양실조로 비실거리고 잡초 넝쿨에 휘말리거나 잎과 줄기는 벌레의 서식처가 되어 중병을 앓는 환자처럼 보였다.

동물들의 배설물이 농작물과 나무에 질 좋은 양분이라는 것을 알아채고 나무 주변을 울타리를 치고 사슴과 닭, 오리, 거위, 칠면조 새끼를 사들여서 집을 지었다. 넓은 축사는 풀 하나 없이 말끔해지고 득실거리던 벌레도 보이지 않았다. 나무마다 튼실한 열매가 주렁주렁 달린 모습은 계절의 풍경을 돋보이게 하고 뚝뚝 따서 선심을 베풀기에도 가장 쉬운 역할이지만, 경제소득에도 쏠쏠했다. 그리고 한여름 나그네들에게 가로수 역할도 되지만, 어린아이들에게는 동물농장으로 볼거리를 제공하는 교육 현장도 되었다. 널찍한 장소에서 자유롭게 활동하는 녀석들을 보기만 해도 넉넉한 시골 풍경 같은 느낌이 들어 튼실하게 술술 잘 자라라, 하는 말이 저절로 나왔다.

단순히 거름을 얻고 잡초 제거를 위해 가족원으로 구성시킨 녀석들, 먹잇감이나 뒤처리(축사 청소) 전염병 예방, 주위 소독 등잔 손길은 작물 기르는 만큼 번거롭지만, 녀석들이 우리에게 주는 이점에 비하면 비교나 될까. 조류 동물이라도 특성이 각각 다른 녀석들. 닭은 알은 잘 낳아 우리에게 영양 보충을 시켜주고 기러기는 날아다니는 철새로 알고 있었는데 막상 사육해 보니 점잖고 조용한 성품에 번식률도 높았다.

 칠면조라는 녀석은 덩치도 크지만, 성질이 고약한 면이 있다. 알에서 갓 깨어나는 조류의 새끼들을 발로 밟거나 부리로 쪼아 살생하는 횡포도 심하고 약자들이 먹이를 먹으면 따라다니면서 방해하는 습성이 강하다. 그래서 자기보다 덩치가 큰 거위 집에 옮겨 놓았더니 꼼작 못하는 것을 보면서 동물들의 약육강식 논리도 체험하게 되었다.

 처음 몇 마리의 녀석들이 몇 년 지나자, 사십 마리 이상으로 늘어났다. 그들의 분뇨가 농작물에는 최고의 영양제라서 알뜰살뜰 긁어모은 거름더미에서 김이 무럭무럭 올라오는 것만 봐도 풍년 농사를 기약하므로 배가 부른 느낌이 든다.

 값비싼 사료 절감을 위해 정미소에서 미강(쌀겨)과 설미(쌀 부스러기, 싸라기)를 사서 조달하고, 톱밥에 야채 부스러기와 음식물 찌꺼기를 제조해서 최소 거름 양은 최고로 만들어 공급한다. 그러다 보니 시장에 버려진 채소 잎만 봐도 줍게 되고 늘 잰걸음 하는 생활이지만, 축사 근처에 가면 발자국이나 차 소리를 알아차리고 날갯짓하는 녀석들을 보면 고달프고 추잡스러워도 사랑스러워 다 잊는다.

특히 거위 녀석은 입을 딱 벌리고 먹이를 줄 때까지 고성을 지르며 따라다닌다. 그것뿐이랴 녀석들의 식솔도 거느리기 어려운데 반갑지도 않은 동물들이 공생하려 든다. 겨울철에는 축사 근처에 쥐와 두더지가 득실대고 각종 새와 특히 참새 떼 수백 마리는 아예 자기네들 집처럼 몰려들어 포식하고 있다. 칠면조는 참새보다 덩치가 몇십 배 큰데, 가진 횡포로 쫓아 주면 좋으련만 싹쓸이하는 먹잇감을 오히려 대접하듯 물러서서 지켜본다.

삼 년 전 겨울, 살쾡이 때문에 생활이 잠시 실의에 빠진 적이 있다. 녀석들을 애지중지하며 울보, 욕심쟁이, 순돌, 얌챙이라는 이름까지 지어 보살폈는데, 가축 마흔두 마리를 몽땅 살쾡이한테 도적 당했다. 제법 튼튼하고 촘촘한 철망으로 울타리를 치고 자물쇠까지 채워 놓은 가축우리 속에 맹수가 침입한다는 것은 상상도 못 했다.

처음에는 한두 녀석 마릿수가 줄어들기에 지인들의 손장난인 줄 알았다. 그런데 웬일이란 말인가 밤마다 흔적 하나 남겨 놓지 않고 없어졌다. 틈새를 철판과 돌로 막고 겉으로 그물망까지 씌워 봤지만, 끝내는 몽땅 잃고 말았다. 시끌벅적대던 축사가 며칠 사이에 텅 빈 모습은 보기만 해도 죽마고우를 떠나버린 것 같은 슬픔이었다.

특히 유치원과 놀이방 아가들에게 교육 현장으로 나에게는 큰 행복이었는데. 겨우 어둔하게 발음하며 "어디로 갔어요?" "언제

와요?" "왜 갔어요?" 곱씹으며 어른의 손에 잡혀 뒷걸음질로 돌아가는 눈빛은 나를 더 아프게 하고 늦은 밤까지 보초를 서 봤지만, 흔적도 찾지 못했다.

딱한 사정을 안 지인이 철망에 고기를 달아 놓고 고기를 잡으면 문이 닫히는 포획기구를 설치해 놓았다. 이게 웬일이란 말인가. 삼 일째 되던 날 살쾡이란 녀석이 그 집 안에 들어가 있었다. 덩치라고는 새끼 기러기만 한 살쾡이는 이마에 억센 털이 있고 고양이를 닮았었다. 망에 갇힌 살쾡이의 휘둥그레진 눈빛은 큰 맹수처럼 사나워 보였다. 기러기와 닭보다 아주 작은 것이 어떻게 피 한 방울 흔적도 남기지 않고 그 많은 동물을 서리해 갔단 말인가. 거위와 칠면조는 몸무게가 10㎏ 이상 나갈 텐데…. 도대체 어떻게 데리고 갔을까. 아직도 이해가 안 된다. 복수라도 하고 싶지만, 희귀 천연기념물이라는 녀석. 야생동물보호 단체에 연락했더니 깊은 산속으로 보내줬단다. 다른 집으로 분양을 시켜도 며칠 동안 마음이 짠한데 몽땅 맹수한테 잡혀갔다는 슬픔은 경험자만 아는 고통이다.

살쾡이 좋은 꼴을 치르고 나니 텅 빈 축사가 보기 싫어 다시 새끼를 사들였다.

다행히 번식률이 높아 지난해 녀석들이 알을 품어 가족이 스무 마리 이상 번식했다. 그런데 어느 날부터 또 한 마리씩 없어졌다. 백방으로 관리했으나 기러기 한 쌍이 남았을 때 살쾡이란 녀석이 또 들어가 있었다. 야생동물보호 담당이 이번에는 다른 녀석이라고 했다.

  농사일은 반복의 연속이지만, 이제는 작물들이 자라는 것을 보면 나만의 대화를 한다. 늪처럼 자란 풀밭을 잘 갈무리해 놓고 바람결에 한들거리는 농작물을 보면 배 터져라, 포식하고 노니는 녀석들을 보는 것 같아서 동물농장은 없애 버렸다. 그러나 일거리가 없어도 새벽이면 농장에 나가게 되는 것은 누구를 위함인가.

해변의 절경

 50년 넘게 동해시에 살았음에도 한섬은 어느 섬마을인 줄 알았다.

 "한섬은 세계에서도 보기 드문 아름다운 곳이야." 늘 입버릇처럼 말하던 남편이 비린내 물씬 풍기는 꽁치 새치, 고등어 생선을 그물망에 넣고 아이들과 게 잡으러 데리고 간 곳이 한섬 마을 바닷가였다. 농촌 생활을 한 나는 게를 손으로 잡는다는 것은 꿈같은 이야기였는데…. 바위틈에 재빠르게 기어 다니는 붉게들을 생선 비린내로 유인하여 그물망에 붙어 허우적거릴 때 잽싸게 낚아채는 놀이 문화였다. 그 즐거움이야! 무슨 가치와 비교가 되겠는가.

 덩치가 큰 우리는 한 젓가락도 안 차는 게를 잡기 위해 엎어지고 자빠지며 허우적거리던 놀이가 얼마나 즐거웠으면 성인이 된 아이들이 아직도 곱씹는다.

  그 후 나는 마음에 녹이 슬 때쯤이면 한섬을 밥 먹듯 드나든다. 이른 새벽 고고한 소나무 숲으로 조성된 한섬 언덕길에 오르면 해무가 품속까지 스며들며 해조류의 신선한 향은 맘속으로 파고들어 오염된 심신을 정화한다. 그리고 망망대해 확 트인 앞바다는 무미건조한 이들에게 말문이 트이게 하고 감수성이 풍부한 사람에게는 시어를 엮게 하는 아름다운 자연조건을 갖춘 곳이다.

  정서에 따라 달리 보이는 한섬 앞바다는 파도가 매번 다른 춤사위를 벌리며 용틀임하듯 하얀 거품을 빚어내며 바위와 엉겨붙어 서로 시위하기도 한다. 화물선의 뱃전에 찰싹찰싹 자장가처럼 토닥거리는 파도는 새벽길 만선으로 돌아오는 근해 어선의 경쾌한 음악 소리가 선잠도 깨운다.

  수평선 넘어 새아씨처럼 고개를 드는 일출이 궁중무용이나 고전 무를 동시에 표현하며 이글대는 바다 장관을 보이는 미묘한 풍경. 순간 부끄러워 살포시 눈을 뜨기도 한다. 그것도 모자라 연붉은 저녁노을에 강태공은 바위 꼭대기에서 고기야 입질하든 말든 낚싯줄을 던져 놓은 채 파도의 공격에도 아랑곳하지 않고 갈매기와 대화하는 장면을 더하면 넋을 잃은 행인들은 오금까지 묶인다.

  피서철인가 보다. 빨강 신호등이 켜지자 앞다투며 질주하던 차

량의 행렬이 길게 줄을 섰다. 필자는 우리 동해시는 자연 환경적으로 살기 좋은 고장이라고 늘 입버릇처럼 자랑한다. 동쪽으로는 언제나 봐도 새로운 푸른 바다와 서쪽에는 피톤치드와 맑은 공기를 폭포수처럼 뿜어대는 무릉계곡과 백봉령이 있지만, 병풍처럼 시가지를 감싼 나지막한 산야, 모두가 태아를 어루만지는 산모의 손길처럼 부드럽게 고장을 품고 있다.

  계절마다 각양각색으로 분장하여 선을 보이면 꽃이 벌에게 꿀을 주듯 아름다운 자연에 흠뻑 빠진 여행객들에게 신선한 공기도 선물한다. 그것뿐인가, 추암 앞바다가 품고 있는 천혜의 자연조건, 기암절벽 사이에 숨겨둔 분화구는 바닷속의 아름다운 배경을 연출하는데…. 그 속에서 노니는 미역, 다시마, 따개비 골뱅이들은 보는 이들의 소맷자락과 바짓가랑이를 걷어 허우적거리게 하며 군침만 돌게 한다.

  장엄하고 기품 있는 촛대바위는 수천 년 파도의 장난감 되어 어르고, 치이고, 박혀도 끄떡없이 우리 고장 지킴이 노릇을 한다. 우애가 돈독해 보이는 형제바위의 절경들까지 해암정에서 말과 글 그림쟁이들에게 스케치하라면서 파노라마처럼 지나치는 경관에 초안이나 잡을까 하는 생각이 들고 관광객들은 아마 감탄사만 연발하다 추억만 수집해 돌아설 것 같다.

  다이아몬드처럼 반짝이는 모래와 명사십리 망상해수욕장은 사계절 내내 찾아오는 손님맞이를 위해 캠핑카와 리조트를 깨끗이 준비하고 방문객들의 즐거운 휴식처가 되도록 놀이 공간까지 갖추어 놓았다.

순항 유람선 주행 물동량을 수송하는 동해항과 어민의 젖줄 묵호항, 선박들의 길잡이 역할을 하는 묵호 등대, 해변 사이사이마다 보석 같은 해수욕장과 대진항 모두가 동해시 해변이 품고 있는 자연환경의 보물들이다.

"언니! 우리 낼 피서가려 하는데, 괜찮겠어요?" 통화 내용이다.

올여름에도 다녀간 손님이 몇 팀이었는가. 된 가뭄을 맞은 농작물처럼 기력도 고갈되지만…. 아름다운 자연에 반해 동해시를 방문한다는데…. 투정을 부린다면 우리 고장을 욕되게 하는 것이 아닐까?

찾는 이마다 고샅까지 안내하고 싶으나 편안한 잠자리와 음식 제공으로 끝내고 대신 뒷골목이라도 설명을 해주면 남편은 해설사 같다고 비웃음을 주기도 한다.

8월 중순경 아들 식구가 휴가를 왔다. 올여름 일곱 번째로 맞이하는 여름 피서 손님이다. 수도권에서 나고 자란 며느리에게는 집안과 고장의 모든 문화를 알려 주는 것이 당연한 도리라고 생각하는 나는 집에 올 때마다 시기에 맞는 생활과 지역 문화를 알려준다. 그래 봐야 일 년에 몇 차례.

묵호 어판장부터 데리고 갔다. 생선 비린내가 물씬대는 어판장의 볼품없는 좌판에는 근해에서 밤새 잡아 온 생선들이건만, 혹시 신선도가 떨어지기라도 할까? 상인들은 연신 바닷물을 뿌려대며 엎치락뒤치락 손이 쉴 사이가 없었다.

　실생활에 맞는 옷차림과 투박한 언성으로 "자연산 아니면 이 항에 들어오지 못해요." 세련되지 않은 말솜씨로 손님맞이 하는 생선 장수와 횟감을 손질하는 아주머니들은 낯선 사람들이 북적대자, 피로는 뒷전 날카로운 칼날로 신명 나듯 일했다. 찌푸린 인상에 콧날을 만지작거리며 횟감 한 마리 더 얻기 위해 흥정하는 손님들. 수족관에서 팔딱거리는 생선이 바로 회가 되어 그 자리에서 초고추장을 볼에 발라가며 포식하는 소비자들을 보자 '삶이란 별것이 아니지.' 속말로 중얼댔으나 우리 고장을 찾아온 건만도 친근하고 감사했다.

　유서 깊은 까막바위와 논골담길, 어달동의 경치와 묵호 등대, 경복궁에서 정동방에 위치한 대진항에 들어서다 피서객들로 북적대어 즐거움을 방해라도 될까 싶어 행선지를 돌렸다.

　십자수처럼 수놓은 어촌의 풍경을 담으려고 주변을 거닐자, 피서객 맞이를 위해 깨끗이 정리된 거리와 숙박촌의 자세한 안내판과 신선한 공기. 상인들의 친절함. 모두가 휴가를 즐길 수 있는 최고의 호젓한 휴양지가 아닐까? 생각이 든다.

　피서객들이 와글거리는 망상해수욕장에 들어서자 왠지 흥이 났다. 비키니 수영복을 입은 젊은이들의 싱그러운 모습과 텐트촌에서 피서를 즐기는 가족적인 분위기, 허리에 튜브를 차고 뒤뚱

대는 아가야, 엄마와 모래성을 쌓는 아이들, 백운모 축제 현장 바나나보트를 타며 각종 해양 레포츠로 즐거움을 만끽하는 청춘 남녀들, 각종 이벤트 현장을 보면서 붓만 잡으면 당장 휘호 대작을 탄생시키는 장소로 보였다.

"어머니 아주 좋아요, 더위도 공기 맛도 좋아요." 연발하는 예쁜 며느리에게 "동해시에 사는 시민들은 복 받은 사람들이야."

우리 고장의 문화를 일부라도 내 자식에게 선보인 것 또한 자랑이고 내가 할 임무가 아닐까?

2

하늘이 먹으래야지

수채화로 피어난 폭우

고온다습한 기온을 밀치며 다가오는 가을이 예년에 비해 너무나 힘든 진통을 겪는다. 예전에는 9월쯤이면 한반도의 태풍은 거의 사라졌었다. 그런데 이상기온 때문일까? 올해는 사흘이 멀다 하게 비가 오는가 하면 크고 작은 태풍이 한두 번도 아닌 일곱 번씩이나 연이어지니 너무 일찍 엽록소가 물들여질까? 신경 쓰인다.

매년 문학기행을 봄에 다녀왔지만, 올해는 11월 농익은 가을로 정했다. 장소는 우리 고장의 명소 무릉계곡이다. 문인들과 자연을 주제로 현장학습을 하며 용추폭포와 문간재 등 계곡이 품고 있는 보석을 관찰하고 그동안 빼먹은 감성을 재충전시키려는 희망찬 기대감도 있다.

일기예보에서 오늘 천둥과 벼락을 동반한 국지성 소나기가 온다고는 했지만, 비켜 가기를 바랄 뿐이다. 이른 아침 창밖에서 노크하는 햇살이 실컷 자고 깨난 아가의 눈빛 같다. 구름 한 점 없는 청명한 가을 하늘을 보는 것도 상쾌하지만, 일렁이는 오색 물결 단풍을 본다. 생각하니 설레는 마음으로 일손을 재촉한다.

주섬주섬 등산 장비를 챙기는데 갑자기 천둥과 먹구름을 동반한 돌풍과 함께 폭우가 쏟아진다. 급작스레 벌어지는 자연의 돌직구, 무섭기도 하지만, 출발할까 말까 망설일 겨를도 없이 서둘러 약속한 장소로 향했다. 차 유리를 때리는 빗줄기는 공격성이 강한 장수말벌 무리 같고 수막현상이 생길까, 핸들을 꽉 잡았지만, 반대편 주행 차량이 지나가면서 대야로 흙탕물을 퍼붓는다.

목적지에 도착하자 회원들 모두는 물에 빠진 병아리 같다. 등반하기에는 아직 이른 시간인데 관광버스와 등산객은 북새통이고 주차장은 더 이상 진입을 거부한다. 손님을 맞이하기 위한 자연의 준비일까, 급한 물살이 도로를 씻어 내린다. 고목이라도 뽑아 치우려는 돌격적인 폭우의 위력, 고을고을 계곡에서도 거품으로 부엽토를 걷으며 크게 행패를 부린다.

비상 사이렌 소리가 요란하고 관리소에서 방송으로 입산 금지를 연발한다. 아휴 심술궂은 날씨 탓에 산행을 포기하고 진로를 변경할 수밖에 없다. 주변 상가에 들어가서 깜짝 이벤트와 현장을 주제로 우리들만의 즉흥시와 삼행시로 백일장과 낭송 시간을 가졌다. 작시와 낭송 솜씨들이 너무나 좋아서 '역시 작가답다.'라는 생각이 들었다. 그리고 각자의 특기로 장기 자랑을 하고 나니 서로가 무궁무진한 재능들이 있다는 것을 새로이 알게 되었다. 일정은 짧았지만, 다른 때의 문학기행보다 쌈박하고 알찬 시간.

행사를 마무리 짓고 밖에 나오자 언제 그랬냐는 듯 해님이 중천에서 겸연쩍듯 피식 웃는다. 가을 풍경을 삽시간에 빼앗긴 스산하고 산만해진 현장, 바닥은 씻어진 듯 깨끗해 보였으나 하수구 맨홀 주위에 켜켜이 쌓인 낙엽은 날벼락을 맞은 것 같아서 보이는 것만도 쓸쓸하다. 손님을 싣고 온 관광버스들도 돌아갈 채비를 한다. 새벽부터 달려온 등산객들의 아쉬운 마음은 얼마나 클까?

대한민국의 최고 명승 37호 무릉계곡. 아름답게 수놓은 단풍과 무릉반석, 유서 깊은 삼화사와 학소대, 사계절 쉼 없이 쏟아지는 쌍폭포와 기암괴석, 특히 타계하신 우리 고장 최인희 시인님 「낙조」의 시비와 묵객들이 반석 위에 남긴 시 등 수많은 볼거리를 대충이라도 보고 떠나면 얼마나 좋아들 할 텐데 아쉽다.

돌아가는 길에라도 자연산 해산물만 취급하는 우리 고장 묵호어판장의 신선한 회로 미각이라도 느꼈으면…. 바랄 뿐이다. 그리고 망상해수욕장 백사장과 추암 촛대바위, 묵호등대까지라도 보면서 허허한 가슴까지 꽉 채우기를 기대해 본다. 왠지 추억을 담지 못하고 빈 가슴으로 떠나는 손님들을 바라보는 내가 미안하다.

문화를 알고 행복을 얻다

 삼남 사녀 칠 남매, 여자들끼리 베트남 다낭으로 여행을 떠났다.
 동해 삼척에 사는 일흔과 예순 중 후반 세 자매가 함께한 승용차 안은 이십 대 못지않은 들뜬 기분이다. 양양공항에 도착하자 서울에서 내려온 올케와 동생도 십 분 차이로 만났다. 수시로 밴드나 카카오톡을 주고받건만, 어쩜 수십 년 만에 만난 이산가족처럼 환희와 희망의 기분이다.
 베트남 다낭 직할시는 한 달 전 다녀온 하노이시에 비해 청결하고 교통이나 사회 질서가 어느 정도 정렬되어 보였다. 산과 바다로 갖춰진 도시. 26km나 된다는 미케비치 해변은 모래사장이 너무나 길고 넓지만, 수시로 변덕스럽게 변하는 바다의 멋은 장관이었다. 만경창파에 짓궂은 파도가 하얀 포말로 수채화를 표현하기도 하고 모래사장에 나풀대는 물무늬의 춤사위는 새하얀 꽃

소금을 탄생시키는 것 같았다

　우리나라 여름 해수욕 철에 비해서 열대성 기후라 그런지 때로는 너무나 조용한 분위기가 낯설고 어색해 보였다. 방파제도 전혀 보이지 않는 항구에 즐비하게 늘어선 수많은 목선은 거센 파도 한 방이면 사라질 것만 같아서 왠지 불안해 보인다.

　최대 높이 68m 불상이 있는 다낭 선짜반도 영흥사의 부처님과 보대아상 전에서 무사 안녕을 기원하고, 그리스도의 변화를 벽화로 그려놓은 핑크색 건물 성당에서 인증사진을 남겼다. 베트남은 일억 인구의 70% 이상이 불교도라고 한다. 그러나 세계에서 "신은 하나밖에 없단다."(유교, 불교, 도교, 가톨릭교) 혼합된 토속 종교 까오다니 사원을 찾았더니 인파에 밀려 수박 겉핥기 관광으로 끝냈다. 이백 년 역사 바다의 실크로드 국제무역항 호이안의 투폰강에서 보트 투어로 잠시 피로를 풀었다.

　베트남 최초 유네스코 문화유산에 등재된 왕궁의 성지 후에 마을로 향했다. 세계 10대 비경 중 하나라는 하이반 고개를 오르자, 우기 철이라는데 먹구름이 방해해도 해는 떠서 각종 포즈로 관광객의 볼거리를 제공했다.

　후에 마을의 왕궁은 프랑스와 베트남 형식 건축 양식이 혼합이란다. 능이나 성벽은 우리나라의 문화유적지처럼 잘 보존되어 있었다.

　근대 역사의 이름을 남긴 틱광득 스님을 모신 티엔무사원, 그곳은 1963년 6월 11일 66세에 사이공 도심에서 정부의 종교탄압에 항거하여 몸을 불사른 스님의 사리나 유품을 소장한 곳이었다. 소신공양으로 불을 지피기 전에 제자들에게 "내 몸뚱이가 뒤로 넘어지면 길한 것이나 앞으로 넘어지면 흉할 것이니 그때는 해외로 망명하라."라는 유언을 남기셨다는 틱광득 스님은 실제 화염 속에서도 손가락 한 마디도 움직이지 않고, 가부좌하셨다는 유골과 끝까지 타지 않은 심장 그리고 평소 타시던 차도 전시되어 있었다.

여행 마지막 코스로 해발 1,500m 바라산으로 갔다. 정상까지 케이블카를 이용한 그곳은 유럽 마을의 건축모형과 유락 시설로 관광객들의 볼거리를 꾸며 놓았다

동남아시아 인도차이나반도 사회주의 공화국인 베트남은 요즘 국민소득이 이천삼백 달러 정도다. 우리나라 삼만 달러에 비교하니 모든 게 척박해 보였다. 할롱만과 다낭 여행을 하며 우리나라 70년대 생활상과 너무나 비슷하다는 것을 느꼈다. 허름한 서민들의 일상, 정리되지 않은 논과 밭, 왠지 불안해 보이는 수산업, 환경과 교통수단 어쩜 우리가 걸어온 자취의 현재진행형으로 보였다.

오랜 전쟁으로 나이 든 사람이 적고 모계사회와 사회주의 정책으로 개인 소유의 땅이 없단다. 종교에 자유는 있어도 포교와 이주의 자유도 없다니 민주주의 사회에서 생활하는 우리들은 얼

마나 행복한가.

  장마철에는 제습기 없이는 생활하기 어려운 습한 날씨, 54개 부족국가 언어소통은 어려워도 잘 어울린다는 국민성이 순수해 보였다.

  관광지 어느 곳을 가도 90% 이상은 한국인이었다. 브라질에 이어 두 번째로 커피 생산국이자 중국, 미국 다음으로 가는 쌀 생산국인 이곳은 경제 발전은 눈앞의 일 같다.

하늘이 먹으라 해야지

봄내 평년보다 비가 30% 정도밖에 오지 않았다는 뉴스다. 들에는 논바닥이 거북 등처럼 갈라지고 씨앗을 뿌려야 할 밭마다 먼지가 풀풀 날린다. 수돗물도 격일제로 공급받는 실정이니 마시는 식수도 아끼게 되고, 매스컴에서는 저수지의 강수량이 바닥이 드러난다니 걱정이 태산이다.

마침 먼지잼 같은 비가 내리기 시작한다. 가출한 자식을 맞이하는 어미처럼 반갑다고 하는데…. 일기예보에서 짧은 장마가 지나갔다고 하니 말라 죽어가는 작물을 보는 농민들의 애타는 심정을 누가 알기나 할까.

8월이 되자 모처럼 굵은 빗줄기가 시작한다. 농민들은 허겁지겁 이랑의 둑을 손질하며 모종 포기를 살리기 위해 안간힘을 쓰는데…. 하늘도 야속하여라. 이젠 또 한 달가량 장대비라니, 가슴

속에는 진흙탕물이 흐른다.

　평소 나는 비 오는 여름밤 낙숫물 떨어지는 소리를 듣기 위해 창문을 닫지 않았다. 떨어지는 장소에 따라 소리가 다르다. 빗물을 받겠다고 받쳐놓은 대야의 종류와 크기에 따라서도 다르지만, 다름대로 감성의 멋도 있어서 재미도 쏠쏠하다.

　장마가 가뭄 같으면 어떻게 생활할까? 종일 제습기를 켜놓아도 집 안은 눅눅하고 밭에서는 잡초가 성인의 키만큼 자랐다. 농민들은 해충과 병충해 들짐승과 날짐승의 침입을 막으려고 사계절 안간힘을 쓴다. 가뭄을 대비해서 빚을 져가며 관정을 박고 뙤약볕에서 된시름으로 전전긍긍하는데…. '과유불급'이라더니 넘치는 비를 보니 가뭄보다 못하는 것 같은 생각도 든다.

　장대비 때문에 피해 보는 농군은 어떡하라고. 생채기 입은 푸성귀가 지독한 냄새를 풍긴다. 참깨 키보다 작은 야윈 농군은 썩어가는 깻단을 안고 어디다 버릴까 두리번두리번. 진흙밭을 서성인다.

　하늘도 야속하여라. 가뭄 내내 모종 포기를 살리느라 피가 마른 정도로 애를 썼는데, 이랑 가득 떨어진 병든 고추밭을 보고 '장마가 끝났다더니 하늘에 구멍이라도 뚫어졌나!' 시름에 젖어 길게 한숨만 뿜어댄다.

　풀포기를 잡고 씨름하는 농군을 비웃기라도 하듯 이젠 비 때문에 채소 가격이 고공을 치고 물가지수가 높아졌다고 방송마다 야단들이다. 가격이 하늘을 찌른다고 한들 어쩌란 말인가 농작물을 모두 잃은 농민은 기진맥진하며 "하늘이 먹으라 해야지." 밭 가에 서서 구시렁구시렁할 수밖에는 할 말이 없다.

  친환경 농작물을 선호하면서 보기 좋은 때깔의 상품만을 찾는 소비자가 농사에 대하여 뭘 얼마나 알까. 그런 것을 볼 때마다 순진한 농군은 이글거리는 성깔을 죽이다가도 짜증이 난다. 장대비가 순수한 농민을 반항하게 하고 질 좋고 맛 좋은 농산물만 찾는 소비자는 농민의 애간장을 태운다. 예전처럼 '농촌이 살아야 나라가 산다.'라는 말이 아니라 이제는 '농촌을 살려야 나라도 살 것이다.'라는 말을 누군가에게라도 꼭 전하고 싶다. 고령화로 진입한 지 오래된 농촌, 벌겋게 녹슨 낫처럼 등이 굽어진 농군은 누구를 위해 손에서 농기구를 놓지 못할까?

장대추위의 고통

 해맞이한 지 엊그제 같은데 벌써 2월, 예순 중반으로 접어드니 시간은 비호같이 흐른다. 중천에 뜬 볕은 기상을 종용하나 열흘 이상 엄습한 강추위가 제자리걸음이라 생활의 리듬이 깨져버렸다. 출근 준비 마무리 단계인 남편을 보니 '밥상을 차려야 하는데….' 이불 속에서 일어날 엄두도 못 내겠다.
 건축한 지 칠십여 년이 지난 정남향 한옥의 우리집, 허름한 곳은 있어도 여름에는 시원하고 겨울에는 방바닥이 따끈따끈해서 어지간한 추위에는 별로 불편한 생활을 하지 않는다. 그런데 올해는 영하 10도 이하의 동장군이 장기간 버티니 체감온도는 근래에 겪지 않은 냉혹 상태라 마음도 시려진다. 설상가상 문풍지 틈새로 비집고 들어오는 외풍은 겹겹이 껴입은 속살까지 파고들어 을씨년스럽고 실내에서도 '아이 추워라.' 입버릇처럼 나온다.

예전 겨울철에는 삼한사온(三寒四溫)의 구별이 있어 나름대로 월동 준비만 해 놓으면 요즘처럼 포근하고 따뜻한 옷이나 신발이 없어도 추위 때문에 쩔쩔매는 고통은 덜했다. 난방 연료라야 장작불이나 연탄불이었는데, 군불만 피워 놓으면 훈훈한 온기가 방 안 가득 찼었다. 그런데 요즘은 거의 가스나 전기가 연료이다 보니 깨끗하고 편리함은 있어도 가격이 만만치 않아 대체로 풍족하게 사용할 수가 없어 겨울철에는 삼복더위가 기다려지고 한여름에는 고드름이 그리운 날씨의 기다림이 간절하다.

　단독주택이나 한옥은 아파트 생활과 달라서 겨울철에는 동파 걱정이 곤두선다. 미리부터 사람이 거처하지 않는 창고 방까지 기름을 채워 놓는 것은 필수이고, 수도계량기 점검이나 땅속에 있는 수도관, 방바닥에 깔린 온수 호수까지 살피며 관리해야 한다. 우리집도 겨울이 오기 전부터 만반의 준비를 다 해 놓았다. 그리고 난방비 절감을 위해 심야 전기보일러에 태양열 집열판을 설치하고 전기요금을 줄이기 위해 청정에너지 태양광과 태양 온수기도 설치한 덕에 겨울철 짧은 일조량에도 뜨거운 온수도 맘 놓고 사용할 수 있어서 참 좋다.

　아뿔싸 그런데 이 강추위에 남편의 실수라니…. 태양열 온수기 호수가 다 얼었단다. 보일러에 아무 기술이 없는 남편이 영하 15도 떨어진 날씨에 "난방에 이상이 있는 것 같다." 손전등을 들고 가더니 보일러실 문을 활짝 열어놓아 밤새 모두가 다 얼었단다. 갑자기 열(熱) 생산 중단은 물론 태양열로만 돌아가는 보일러의 호수가 꽁꽁 얼어 3~4일 정도 지나야 한다는 기술자의 말이다. 고치기 전까지는 심야 전기로만 난방이 된다는데…. 태양열을 설치하기 전에는 난방비만 생활비 절반 이상 지출되었기에 가계 부담도 걱정되지 않을 수 없다.

3일이 지나자 주인도 없는 사이 보일러를 다 고쳐놓았단다. 그런데 이튿날 대낮, 집 안 어디선가 펑 하는 굉음이 났다. 보일러실 문을 열었더니 웬일이란 말인가 먹구름 같은 연기인지 수증기인지 나를 삼키듯 나오고 펄펄 끓는 온수가 폭포처럼 쏟아졌다. 전기 차단기까지도 내려앉은 아수라장, 엉망진창이다. 119는 물론 남편의 전화도 생각이 안 났다. 그저 어리둥절 치뛰고 내리뛰며 발을 동동거리는 상태로 몇 분이 지나자 덜 뿜어 나왔다. 다행히 불이 난 것은 아니고 해동이 덜 된 상태에서 보일러를 돌려 과부하로 새로 교환한 모터가 터졌단다. 수리는 마쳤지만, 다행히 수증기 분출이었다.

장대 강추위나 이상기후도 자연 파괴로 발생하는 원인이라 한다. 생활의 편리함만 추구하는 사람들로 인해 재앙의 속도는 기하급수적이라 미래가 두렵다. 혹한과 극심한 가뭄으로 저소득층 가정에서는 추위를 견디려고 전기장판 과열로 삽시간에 화마가 덮쳐 잿더미가 되는 걸 보니 여기서 더 힘든 고통이 어디 또 있겠는가. 지하자원 빈국인 우리나라, "강추위에 어떻게 지내냐?"

는 인사말보다 겨울철에 펄펄 휘날리는 눈송이를 보며 아름답게 느껴졌으면 희망해 본다.

빗속 나그네

보슬비 내리는 어스름한 새벽. 각자 여행 보따리를 챙기느라 바쁜 시간을 보낸다. 미리 준비해 뒀으면 쉽게 떠날 수 있을 텐데…. 대충 챙겨야 했다.

남해안으로 가기 위해 집결지에 도착하니 일행 모두 옷차림과 신발이며 머플러, 장갑까지 아주 멋지게 변장하여 평소보다 훨씬 젊게 꾸미고 나왔다.

만난 지 오래되지 않았는데…. 나누는 인사말이 새벽 주위의 잠을 깨운다. 준비한 음식물을 차에 올리자 너무 많아서 순간 입이 딱 벌어졌다. 소주와 맥주, 음료수와 과일, 간식, 떡 그것을 다 없애려면 계획한 일박 이일이 부족할 것 같지만, 적어서 눈치 보는 것보다 나을 듯싶다.

빗줄기는 황소 눈물방울처럼 처량한데. 관광버스에서 보는 아름다운 동해(東海)는 환상 그 자체였다. 백사장에 부딪히는 파도와 파도의 세력에 밀려 나오는 해초류, 그리고 작은 항구마다 밧줄에 꽁꽁 묶여 할 일을 멈춘 어선까지 나그네들에게 감동과 슬픔을 동시에 겪게 하는 느낌이 든다.

통영에 도착하자 새벽부터 따라나선 빗줄기가 바람까지 동행했다. 모처럼 나그네가 된 부부는 들뜬 아이처럼 부풀었는데…. 내일이면 폭풍주의보 때문에 일차 목적지인 외도에 배가 들어갈 수 없단다. 서둘러 거제도와 아름답고 예쁜 장승포 항구를 지나 와현 항구에 도착했다.

거제도는 섬이라서 예전에는 배를 이용했다는데, 요즘에는 통영에서 다리로 연결되어 있었다. 확 트인 바다와 에워싸인 야트막한 산, 그림처럼 아름답게 지은 숙박시설은 환경 변화에 멍청해진 나그네의 시선을 사로잡았다. 그리고 무뚝뚝한 지역 주민들과 구수한 경상도 사투리로 엮어내는 상인들의 투박한 말솜씨는 푸근한 호감도 들게 했다. 선착장에 도착하자 외국인과 국내 여행객들이 우의를 입고 있는 모습이 비에 흠뻑 젖어 달아나는 닭 같았다.

험상궂은 날씨에 비해 검푸른 바닷물은 호수처럼 고요했다. 도망치듯 서둘러 유람선에 오르자 좀 지저분한 느낌은 들었지만, 발라드풍 음악 장르가 상쾌한 마음으로 전환했다. 유람선은 우렁찬 뱃고동으로 물길을 헤치며 외도를 향해 뱃머리를 돌리자, 선상까지 하얀 포말로 덮는 파도는 승객들께 울렁증을 나게 했고, 빗물을 잔뜩 먹은 아름다운 자연도 본색을 잃어갔다.

안내원 또한 걸걸한 사투리로 관광 요소요소와 무인도의 작은 섬들이 품고 있는 바위와 산, 자연의 조화를 그럴듯하게 잘도 설명했다. 그중에는 부인 바위와 십자동굴, 선녀바위와 천년송, 사자바위 같은 형상 섬이 있었다. 설명에 집중하다 보니 뱃멀미와 지루함 없이 외도에 도착했다. 콩알 같은 굵기로 거센 바람을 타고 내려오는 빗줄기는 나그네들의 품속까지 깊이 파고들었다. 몇 년 전 외도에 다녀간 경험이 있다. 인간의 손을 타지 않고 수백 년을 거쳐 지나온 무인 외도였는데 개발이라는 명목으로 뒤바뀐 섬을 보는 순간 생태계 파괴 주범인 것 같은 느낌이 들어 마음이 아팠다.

파괴는 새로운 탄생을 낳는다지만, 자연이 준 본연의 아름다움을 인간의 힘으로 꾸민 처음 본 외도가 그동안 어떻게 변했을까? 하는 기대심도 있었다. 오밀조밀 야트막했던 정원수들은 자연을 닮은 성숙한 본연의 모양으로 변해 있었다. 먼발치까지 보이는 잘 가꾸어 놓은 환경은 엉클어질 수 없다는 사실에 슬며시 화도 났었다.

숲보다 또 다른 환상적 느낌을 받게 했다. 한마디로 섬 전체가 누구나 가꾸고 싶어 하는 아름다운 정원이었다. 동백, 선인장, 코코아 야자수 등 740여 종이나 된다는 나무와 아열대식물 대부분은 듣도 보도 못한 신기한 것들이었다. 바다에 둘러싸인 모든 볼거리가 목마른 관광객들에게 음이온을 제공하는 건강 보조 식품이었다. 쏟아지는 빗발은 노련한 화백이 마~악 스케치하는 신비의 세계 같았다. 화장실에서 창밖을 내다보는 순간 비췻빛 청명한 바다는 신선 같은 늪으로 빠져들게 했다.

개발자 부부가 30여 년간 애틋한 정성과 지극한 사랑으로 쌓은 공덕이라니…. 생태계 파괴범이라고 생각했으나 관광 사업이 번창하는 시기에 볼거리를 제공하고 찾는 이들에게 신진대사를 활발하게 한다는 점이 존경스럽기도 했다. 아열대식물과 희귀식물들은 강한 빗줄기에도 카메라 앞에서 자세를 잡게 하며 전망대에서 바라보는 남해의 아름다운 풍경은 앙상한 마음에도 오감을 연상케 했다. 관광객이 볼거리에 해코지라도 할까 짓궂게 따라붙는 비는 서둘러 선착장으로 발길을 돌리게 하고 싱그러운 해초 향이 들숨을 가쁘 마시게 했다.

짧은 일정이라 다음 날 삼성 조선소와 거제도 포로수용소, 경남 하동, 화개장터, 지리산을 관광버스 안에서 기사의 설명으로 마음을 채웠다.

5월 중순 아직 본격적인 농사철이 아니라 씨앗을 기다리는 넓은 들녘은 농한기 농부의 손동작 같았다. 남원 광한루 근처에서 익살스러운 각설이 품바 공연장에 들어서자, 중국 계림 꼬마 곡예단원들의 촛불과 꽃, 접시 돌리기 묘기와 민속무용, 오토바이를 그물 속에서 타는 모습을 보니 인간의 극기와 묘기, '창작과 개발의 한계선은 어딜까? 할 정도 고단수의 예술이었다.

남원 광한루에 닿자, 건물과 연못의 분위기는 귀한 손님맞이 하려고 만반의 준비를 한 여성 같은 느낌이 들었다. 어제 맞은 비로 촉촉해진 주위 환경은 고요한 서정적 의미를 심어 주며 조선 시대에 지었다는 건물과 돌기둥, 나무 기둥과 누마루, 누의 본채, 툇마루, 부속 건물들 모두가 너무나 잘 관리되었고 자연과 어울림이 고즈넉한 쉼터를 제공했다.

광한루는 황희 정승이 남원에 유배되었을 때 지은 것으로 처음에는 광통누라고 했으나 세조 때 정인지가 광한루라고 고쳐 세운 이름이 아니었던가.

『춘향전』의 무대로 더 알려진 광한루, 단아한 정원이 주변 경치를 돋우고 문화유산 가치가 세계에서도 으뜸간다는데…. 고개가 끄덕여졌다. 벤치에 걸터앉아 물속에 노니는 잉어들을 보노라니 춘향이와 이 도령이 오작교를 거닐며 사랑을 싹틔우는 모습이 그려졌다.

남원의 유명한 목기 전시장에 들르자, 구경 못 해 화풀이하는 사람처럼 빗속 나그네가 된 부부들은 신경전을 벌이며 제사상과 키, 주걱들을 샀다. 1박 2일에 남해의 유적을 마음에 채우려고 했는데…. 빗속 나그네 신세의 단체 여행이란 쓸쓸하고 어설픔으로 많은 아쉬움을 남겼다.

낙숫물의 추억

 빗줄기가 마음에 여유를 준다. 농사일과 취미 생활로 몸뚱이를 혹사하며 시간을 쪼개 생활하는 나는 모처럼 내리는 비 때문에 일손을 놓았다. 그래서 오늘은 쌓인 피로도 푸는 겸 벌건 대낮에 빈둥빈둥 방바닥에 누웠더니 옛날 일들이 새싹처럼 돋아나고 컴퓨터 자판이 나를 끌어당긴다.
 기왓장에서 떨어지는 낙숫물은 자연의 소리를 여러 종류로 연출한다. 집중호우는 음색이 풍부하고 경쾌한 행진곡 같은 느낌이 들지만, 여우비는 부드럽고 가냘프다. 그런데 언제나 장맛비는 마음을 우울하게 하고 청승 떠는 것 같아서 구슬프다.
 예순 후반의 할미는 오늘 같은 날 소녀 시절 추억이 깨알같이 살아나고 가상의 타임머신으로 과거와 미래를 왕래하는 것은 왜일까?

여태껏 한옥에서만 살아온 나는 소담한 시골 정취와 정리되지 않은 자연을 좋아한다. 높은 빌딩과 고층 아파트의 딱딱하고 깔끔한 분위기보다 계절에 맞게 번식한 곤, 해충의 소리를 들으며 떡잎에 곰상스럽게 앉아 있는 새벽이슬과 소통하는 것이 재미있다. 그래서 아마도 우리 부부는 꼬부랑 백발노인이 되어도 함께 늙어가는 한옥과 더불어 살 것 같다.

60~70년 전 얕은 산등성이에 병풍처럼 싸인 12칸 한옥은 대궐 취급을 받았다 친정인 우리집은 읍내를 벗어난 농촌 마을이었지만, ㄷ자형 한옥이라 그 당시에는 집 구경 오는 사람들도 많았다. 이십 대 후반까지 살아온 친정집과 신접살이부터 지금까지 살고 있는 우리집은 크기나 구조가 거의 비슷하다.

친정집은 동네에서 처음 TV가 있었다. 당시 유행하던 드라마 (여로) 때문에 저녁이면 남녀노소 할 것 없이 구경꾼들이 문전성시였다. 다음 날 그 시간쯤에는 신발 바꿨다는 이유로 우리 식구들은 서둘러 저녁을 먹을 수밖에 없었다.

"여자와 집은 가꿀 탓이다." 늘 입버릇처럼 말씀하신 부모님 때문에 콩물과 리스까지 입힌 대청마루 닦느라 무릎이 해지도록 쓸고 반짝반짝 광을 내느라 짜증도 났지만, 그래도 그때가 그립다.

지금 와서 부모님 성품을 애달파한들 어쩌랴 언제나 마을 사람들이 북적이던 대궐집 마루는 주인을 다 잃었다. 봄부터 쌓인 송홧가루와 먼지가 수북하고 잡초와 이끼로 푹 덮인 골기와 지붕에서 떨어지는 낙숫물은 앓는 소리를 낸다.

그러나 친정집과 연령대가 비슷한 우리집은 5대째 살며 호주 명의는 몇 번 바뀌었다. 그러나 주인을 잃어 본 적이 없어 겨울이면 각종 고드름의 멋진 풍경에 감동하며 강수량에 따라 음색이 다른 낙숫물 소리를 들으면 생동감이 발현하는 한옥으로 유지다.

머그잔에 따끈한 커피 한 사발을 들고 마루에 나왔다. 쥐가 내리도록 의자에 앉아 있어도 왠지 행복하다. 산발한 빗줄기에 맞춰 움직이는 자연은 머리채 풀고 히죽대는 백발노인 같다. 낙숫물이 아까워 큰 대야에 물을 받지만, 사용할 만한 용도가 적다. 예전에는 목욕하고 미루어 오던 빨래와 집 안 곳곳 씻고 닦으며 묵은 때까지 벗기는 대청소를 했는데…. 요즘에는 불편하다는 이유로 감성만 풍부할 뿐이다.

오늘 같은 날은 나만의 분위기에 빠지고 싶다. 골기와 지붕에서 연출하는 낙숫물과 빨랫줄에 아롱아롱 매달렸다 떨어지는 물방울은 인생의 묘미를 연출하는 것 같다. 수국 잎에 앙증맞게 앉아 애써 그리움을 숨기려는 방울 비를 보니 쌉쌀한 커피 맛 또한 달콤해진다

눈 앞에 펼쳐지는 비 오는 날의 아티스트. 멋진 예술 가치는 얼마나 될까? 청렴한 인생 희로애락의 맛, 먼 훗날 그 추억의 실타래는 누군가 풀겠지. 어둡고 쓸쓸하더라도 더 찬란한 빛은 오리라.

3無 5多의 독도를 다녀오며

　이십 년 지기 지인들과 독도와 울릉도 여행을 떠났다. 육십대 후반 연령들이나 매달 한 번씩 골라가며 맛집을 찾아 헤매고 그동안 못다 피운 삶의 회포를 털며 쏠쏠한 재미도 느끼는 열세 명 벗이다.
　모두가 시간은 물론 마음의 여유가 있어서 그런지 대체로 성품도 평온하고 따뜻하다. 국내외 여행도 곧잘 다니는지라 올해는 독도와 울릉도로 여행 코스를 잡았다.
　거의 한두 차례씩 다녀온 울릉도, 그곳은 계절별로 날씨의 기복이 커서 자연의 멋스러움이 갈 때마다 다르다기에 장소를 정하는 것부터 일맥상통이다. 나 역시 한 번 다녀왔지만, 얼마나 발전했을까 궁금하고 기대 또한 컸다.
　4월, 평소 같으면 샛바람으로 냉기가 있을 법한데 올해에는 왠지 포근하다. 그리고 울릉도 항로 선착장이 우리 고장에 있어 각자의 집에서 자동차로 일, 이십 분 거리라 준비부터 여유로웠다. 간단한 복장으로 선착장에 도착하자 북적대고 낯선 표준어와 사투리의 어울림이 놀랍다.

사실 처음 갈 때는 뱃멀미로 너무나 심한 고생을 해서 울릉도까지 가서 독도 관광은 포기했었다. 이번에는 멀미약을 있는 대로 구입하고 식품까지 준비했더니 멀미는커녕 울렁증도 덜했다.

유람선도 예전보다 훨씬 컸다. 승선하자 북쪽으로 보이는 우리 고장 묵호의 정취는 어쩜 불협화음 같으면서 조화롭고 한 폭의 민화처럼 소박하고 아름다웠다. 등대가 있는 논골담길은 한때 오징어와 명태 덕장에서 고기가 펄럭이고 생선 말리는 냄새가 진동했었다.

가파른 언덕 비탈길을 아랑곳하지 않고 물이 질질 흐르는 생선을 지게와 머리에 한가득 담고 오르내리던 그 모습은 어촌의 진풍경이었는데…. 요즘은 조갈증이 날 정도로 마른 어장이라니…. 생선 비린내가 이 고장 한가득 메우더라도 그 시절이 돌아오기를 기대해 본다.

그리고 남쪽으로 유유자적한 물살에 떠 있는 화물선과 어선은 잠든 호수처럼 한가로워 보였지만, 경제 발전과 산업 선진화의 중추적 역할이 될 것이란 생각만 해도 좋은 기운이 움틀거렸다.

어느덧 세 시간 가까이 소요되는 울릉도 선착장에 도착했다.

선박 안에는 지난번 여행 때처럼 멀미로 구토한 냄새가 진동하거나 이물질이 가득한 비닐봉지를 들고 사경을 헤매는 여행객은 보이지 않았다.

삼삼오오 구수한 말꼬리를 이은 탓인가 간식을 연이었지만, 헛헛한 시장기가 볼거리의 발목을 잡았다. '금강산도 식후경'이라 했거늘 서둘러 요기하고 빌린 중형 버스로 섬 일주 관광길에 올랐다.

시작부터 놀람이다. 엉덩이에 굳은살이 뱉 정도 울퉁불퉁하던 협곡의 비포장도로가 포장되어 있고 언덕배기 꼬부랑길이 일, 이차 콘크리트 차선으로 발전되어 있었다.

도무지 실현되기 어렵게 보이는 기암절벽에 터널개발이라니…. 360도 회전으로 사정없이 부셔대는 포클레인 바가지의 횡포는 수천 년 간직하던 낭떠러지를 오가며, 기이하게 생긴 바위와 깎아지른 듯 비탈진 곳에 매달린 고고한 해송까지 사정없이 뽑아젖힌다.

액자 속에 갇혀 있는 그림이 아무리 멋지다 해도 자연을 보는 풍경과 비교가 될까, 갑자기 감성이 곤두박질한다. 차라리 '자연을 무작위로 훼손하는 저 모습을 보지나 말 것을' 일촉즉발 분주한 대형 덤프차들의 움직임이 섬 본연의 모습을 훼손하는 것 같아 왠지 아쉬웠지만, 공중에 하늘 높은 줄 모르고 버티는 케이블카는 볼거리의 시야를 넓혀 주었다.

너무 많은 변화에 감탄을 연발하다 보니 나리분지에 도착했다. 그곳 또한 순박하던 분위기와 달리 고장의 특산물인 울릉도 나물과 명이나물이 한가득 자리매김하고 상인들은 손님맞이로 분주했다.

야트막한 산이나 틈새 언덕배기까지 즐비하던 호박 넝쿨은 좀처럼 보이지 않았으나 특산물 전시장에는 각종 호박엿과 조청 그리고 다양한 상품들이 입맛대로 관광객을 유혹했다. 봉래폭포의 볼거리를 즐기자, 석양이 걸음을 재촉하고 인증 사진으로 추억을 남기다 보니 은은한 가로등 불빛이 등을 밀었다.

이튿날 서둘러 해상관광 유람선을 타기 위해 도동항에 도착했다. 틈새를 이용해 해안 산책로를 걷자, 에메랄드빛 바닷속에 이름 모를 해조류들이 유유자적 춤추고 깎아내린 절벽에 부딪혀 하얀 포말로 부서지는 파도는 해초 향을 뿌리느라 그 또한 놀람이었다.

3無(뱀, 거지, 도둑) 5多(돌, 물, 향나무, 바람, 예쁜 여자)의 섬 울릉도, 많은 개발로 크게 변해도 자연은 야수처럼 용맹스럽고 명품 같은 보물로 보였다.

다행한 것은 날씨와 파고도 침착한 여행객의 마음처럼 고요했다. 그 덕분에 3대가 덕을 쌓아야지만, 접안할 수 있다는 독도항구로 가는 배가 출항한다는 희소식이다. 지난번에는 멀미가 뱃길을 막았지만, 이번에는 어떠한 일이 있어도 다녀오리라는 다짐을 한지라 더 기뻤다.

 울릉도 도동항에서 한 시간 반가량 소요되는 독도항구에 접안하자 여행객들은 섬 전체를 흔들듯 환호성을 치고 갈매기 떼들은 갖은 날갯짓으로 손님맞이를 했다 '꿈에도 밟아보고 싶었던 나의 소망 독도에 서 있다니' 가슴속 깊이 감동이 절로 나왔다.

 관광객들은 잔칫집 혼주처럼 분주히 움직였다. 국가를 위해 수고하는 젊은 해경들을 앞다퉈 아들처럼 껴안고 한 컷씩 추억을 남기며 악수를 연발했지만, 그들의 애국심과 희생정신, 그리고 두터운 봉사 정신이 없으면 감히 우리가 어찌 이곳을 밟을 수 있으랴. 볼거리를 만끽하기 전에 성급히 달려드는 파고 때문에 20분 정도 머무르다 승선해야만 했다.

 천혜 자연조건을 품은 국보 우리 대한민국 땅 독도, 호시탐탐 망언으로 노리는 이웃 나라 일본에서 언감생심이란 성인의 말씀이 떠오른다. 역사적으로나 국제적 그리고 지리적으로 봐도 당연한 대한민국의 땅을 감히 바라보다니…. 동절기 긴 터널에서 움츠린 생활 탓으로 진 빠진 낙엽처럼 메마른 감성이 독도 여행을 계기로 새록새록 새싹처럼 살아난다.

경험이 쌓이면 스승이 된다

 퇴직 없는 직업 40년 지기 농군이다. 이천 평도 안 되는 땅에서 농사를 지으나 농군이라고 당당하게 말하는 용감한 경작자다. 직업에 귀천이 어디 있을까 아직도 농사꾼들이 선호도에서 후순위로 밀리는 사회적 분위기를 보고 들을 때면 가시 찔린 발의 아픔 같다.
 아가의 돌봄처럼 잠시도 소홀할 수 없는 농작물. 소슬바람에 한들거리는 모습을 보면서 '그래, 튼실하게 자라는 건 농군의 바람이고 너희 몫이다, 혼잣말로 중얼대기도 한다.
 요즘은 농기계나 농기구 발달로 농사짓는 일도 놀랍도록 발전하고 편리해졌다. 예전 농사짓던 시대에 비하면 아주 쉽고 간편하지만, 때로는 고령과 초보 귀농인이 비지땀을 흘리며 농사짓는 모습이 보이면 구둣발로 들어가 도와줄망정 기분은 매우 좋다.

농민은 생각의 차이에 따라 행복과 불행, 만족과 불만족의 기복이 벌어질 수도 있다. 나는 고희라는 꼬리표를 달았다. 그러나 한 점 게을리하지 않는 생활을 하려고 노력하는 농군이다. 팥죽땀을 흘리며 재배법이 다른 작물들을 돌보는 시간이 행복하고 많든 적든 수확하는 시기에는 그렇게 보람차고 재밌을 수가 없다.

한때는 속성재배나 특수농산물 경작 외에는 농민이 허리띠를 졸라매는 실정이라 생각했는데…. 노력과 땀 흘리지 않고 편안함만 추구한다면 허황한 욕심이라 생각한다.

나는 좋은 책을 읽고 나면 작가를 스승으로 생각했었다. 그리고 돈 많은 부자나 사회에서 출세한 사람을 인생의 멘토나 스승으로 생각을 했었다, 그런데 나이가 들수록 명예나 권위보다 순수하고 농촌을 지키는 농민을 보면 왠지 존경스럽고 스승처럼 따르고 싶은 마음이 생긴다.

높은 직위나 사회적으로 출세한 유명한 인사도 중요하지만, 농촌에 낙후된 빈집이나 주인 잃은 옥토가 황무지로 변하는 모습을 보면 가슴이 저리도록 아프다. '현기증이 생기도록 혼잡한 도시에서 생활이 짜증스럽다고 말하느니 인구밀도가 추풍낙엽처럼 뚝뚝 떨어지는 농촌의 여유로운 환경에서 살면 좋으련만,' 고향을 지키려는 젊은이들을 보면 너무나 감사하고 문화와 생활의 경험담을 최대한 전수해 주고 싶어진다.

소가 보습을 끌며 밭갈이하던, 시대도 있었는데…. 들판에 트

랙터와 관리기, 이앙기가 동시다발로 움직이는 요즘 같은 농사(農事) 차이와 어찌 비교나 될까. 물론 육체적인 노동은 좀 심하다 할지 몰라도 편하고 쉬운 직업이 어디 있겠으며 농촌에서 부지런히 계획적인 작물 재배를 한다면 수입이 적다는 말은 욕심이다.

그리고 10년 전만 해도 농작물에는 기껏 화학 비료인 요소나 복합(질소(N), 인산(P), 칼리(K)) 두세 가지와 축사에서 나오는 발효 계분이나 축분 정도였는데…. 요즘은 건강 보조식품을 한 줌씩 복용하는 사람처럼 농작물의 영양제도 칼륨과 철분, 무기질과 마그네슘, 인과 비타민 등 무수하다. 그런 영양제를 작물에 주면 역시 눈에 띄게 튼실하기에 때로는 허리띠를 졸라맬망정 공급하게 되는 것이 농민의 마음이다. 가성비를 생각하며 머뭇거리다가도 지갑을 열게 되고 이른 봄 파종 시기부터 농자금 준비에 머리가 지끈거릴 때도 있지만, 투자 없는 사업은 없지 아니한가.

정부에서 농가 소득 향상을 위해 농민에게 아낌없는 지원을 해준다. 작목반에 맞는 저장과 관리의 교육은 물론 농기계나 병충해를 미연에 방지할 수 있는 정보와 거기에 맞는 농기구까지 알선 지원을 받을 때는 그렇게 감사할 수가 없다. 필자는 농민이 되기 전에는 그런 점을 과잉 선심성이라며 심술 가득한 불만의 말도 했었다. 막상 농민이 되어보니 정보와 자료 미숙이면 홀로 서기란 좀 어려운 일이라는 것을 깨달았다.

"시골에는 65세를 넘는 고령층 중에 70% 이상이 농민이다…." 때로는 여든 넘은 어르신이 밭이랑에서 20kg의 유, 무기질 거름 부대를 등에 업고 휘청대는 것을 보노라면 앞으로 우리 농토는 누가 지킬까, 걱정도 많이 된다.

나는 농사의 기초 지식과 아무 준비도 없는 상태에서 40대 초반부터 시부모님한테서 농업인이라는 바통을 받았다. 처음에는 실현 가능성과 타당성은 따지지도 않고 큰 희망으로 계획을 짜서 무조건 접근했었다. 그런데 방대한 꿈에 비해 초기부터 바람 빠지는 풍선처럼 기대가 슬슬 무너지기 시작했다. 천지도 모르고 덥석 달려든 초보 농군은 들판에 허수아비만 세워 놓으면 조류 피해는 없는 줄 알았다. 씨를 뿌리고 모종 포기만 밭에 꽂아 두면 작물은 스스로 성장하고 '잡초만 제거해 주면 자연이 농작물을 키워주겠지, 한 것이 너무나 무모한 짓이었다.

아름답다고 생각한 새들의 작폐는 하루아침에 농작물을 쑥대밭으로 만들어 놓는다. 거기에 굵은 철조망을 친 울타리를 뚫고 침입하는 들짐승들의 행패까지 당하고 나면 너무나 속이 터지지만, 농민은 억장이 무너져도 농사일은 놓을 수가 없다. 부모님 슬하에서 호밋자루 한 번 들어보지 않던 나는 '그동안 부모님 등골이나 빼먹었구나, 아직도 죄송하다.'

한여름 새벽 네 시면 밭에 나가는 별 보기 농군이다. 농작물을 위해 보습으로 땅을 갈아엎으며 영양공급을 한다. 흙 범벅 작업복에 마른 땀이 하얀 소금꽃을 피운 차림이 잘 어울린다는 꼬리표가 붙은 시골 농군이다. 주위에서 억척같다는 말을 듣지만, 전혀 굴하지 않는다. 오히려 당당하게 누구나 농사기법을 물으면 친환경 재배를 권장하며 신나게 지도한다.

  나도 한때는 농민을 찾아다니며 농작물 재배 방법을 배우고 익혔었다. 씨앗을 파종하는 시기와 요령, 작물의 간격과 둑의 높이 등 자세히 가르쳐 주시던 그 어르신 대부분이 하늘나라로 가셨으니, 요즘은 내가 후임자로서 전수하는 스승이 되어서 재미도 쏠쏠하다.

방쟁이집 남매
행복 찾아 떠난 길

　방쟁이집 일곱 남매는 여행을 떠났다. 방쟁이집은 남매들이 자라던 택호다. 홍콩, 마카오, 해주 광저우를 지나 심천에서 한국으로 사박 오일 코스다. 각자 흩어져 살아도 마음만은 함께하는 형제자매들이라 여행 일정과 경비 지출 등 한 치의 꼬임도 없이 서로 의견에 동의했다.
　엄동설한, 긴 터널을 지나자, 겨울 길목 칼바람은 청춘 남녀의 애정처럼 진하게 품속을 파고들고 야심한 밤중 졸음에 지칠 가로등은 달빛만큼이나 환하게 비춰준다. 동해와 삼척 강릉에 거주하는 4남매는 승용차로 인천공항을 향하는데 대관령 중턱을 지나자 폭설이 우리를 맞이했다. 불과 한 시간 전만 해도 별님에게서 전송받았는데 차창 밖 눈보라는 한 치의 시야도 주지 않는다.
　굼벵이 걸음으로 자정이 넘어 공항 근처에 도착했다. 무거워진 눈까풀의 피로를 풀고자 잠시 숙소에 머물렀으나 어찌 잠을 이룰 수 있겠는가? 서너 시간 휴식으로 인천 국제공항 근처에 다다르자 도로 이정표는 길눈 어두운 행인이 어리둥절해질 틈도 없이 게시되어 있고 주정차 안내직원들이 확인서 한 장을 넘겨주고 우리 차를 타고 나갔다.

 벽두 새벽, 사방이 분주하다. 화물 차량은 활주로에서 빗발치듯 하는데…. 이, 착륙 비행기가 운항하는 광경도 진풍경이고, 공항에 진입하는 차들의 행렬도 열정이 가득해 보인다.

 글로벌 시대답다, 국제공항 안팎에는 피부색과 언어가 다른 객들로 북새통인데 서울서 오라버니와 올케언니, 동생과 제부가 약속한 장소에서 우리를 기다리고 있었다. 어찌나 반갑던지 남의 시선을 아랑곳하지 않고 손을 맞잡으며 좋아했다.

 새벽 일곱 시 열한 명 남매는 홍콩행 비행기에 올랐다. 세 시간 반 소요되는 기내에서 한 편의 영화도 볼 새 없이 속삭이다 보니 홍콩 국제공항이란다. 현지 가이드가 우리를 맞이하여 홍콩 남부에 위치한 대표적인 비치섬 리펄스베이 해변으로 인솔했다.

 '천 가지의 표정을 가진 곳'이라는 풍문만큼이나 화려해 보이는 그곳은 홍콩 최고의 부촌이자 총인구의 20퍼센트가 거주하는 작은 섬이란다. 풍수지리상 명당이라 하여 해수욕장 중에서 가장 인기도 높다는 섬 주변 경관은 아름다움 그 자체였다. 하얀 백사장에 유유자적 거니는 나그네를 밑그림으로 아름다운 자연 품속에 건축된 호화 아파트와 리조트, 맨션과 고층 빌딩은 고품격을 갖춘 미술작품처럼 보였다.

'나폴리'라고 불린다는 아름다운 섬을 만끽하기도 전에 점심시간이란다. 현지식으로 딤섬을 먹었다. 딤섬은 만두 일종이었지만, 우리나라의 찐만두와 같았다. 한입 크기의 딤섬은 찐 것과 튀긴 것으로 차와 함께 먹는데 종업원이 빈 그릇 챙기기 바쁠 정도 속도가 빨랐다.

홍콩 최대의 테마파크인 해양공원을 거처 백만 불의 야경 감상을 위해 빅토리아 산정으로 이동하였다. 좁은 섬 자락에 도착하자 독특한 건축물들은 천공을 찌르듯 높이 솟아 있고 웅장하지만, 화려하여 개성도 넘쳐 보였다. 관광산업과 국제금융시장, 항구 그로 인해 고부가가치로 청년 실업자가 드물다 하니 갑자기 더 부럽기도 했다.

저녁 무렵이 되자 건물들은 하나하나 불빛을 밝히기 시작했다. 대형 건축물마다 경쟁이라도 하듯 형형색색 비취는 야경은 관광객들의 심호흡을 멈추게 하고 환호성으로 마음까지 춤추게 했다. 화려한 네온사인에 파묻혀 시티투어를 하는 동안 남매 모두는 불야성에 휩싸여 꿈의 동산에서 허우적거림을 느꼈다.

둘째 날은 마카오로 향했다. 홍콩은 영국 식민지였으나 1997년 7월에 중국으로 반환되었다지만, 중국과 다른 생활 문화를 유지한다고 했다. 홍콩과 마카오 국적은 다르지만, 넘나드는 과정은 아주 단순했다. 남매는 마카오 가이드에게로 인계되어 1600년대에 아시아에서 규모가 가장 컸다는 세인트폴 성당에 갔다. 몇 차례 화재로 정면의 석조 외벽과 초창기 교회의 모습을 나타내는 부조와 조각상이 건물 외벽에 있었는데 그중에는 비둘기, 예수, 성모 마리아상과 국화와 배 천사와 악마가 있었다. 66개의 돌계단을 내려오자 휘황찬란한 거리는 쿠키와 육포 상가가 행객들을 유혹했다. 거리마다 화려한 조명은 점잖은 여행객도 방랑자 기분을 들게 하고 마카오 타워에서 보는 야경과 분수쇼는 시선을 멈추게 하고 의외로 낯선 환경 탓일까, 싫증이 빨리 날 것 같았다.

주해로 건너가자, 청나라 때 건축된 연화성과 연화산의 높이 14미터나 되는 관음 금상과 관음각 앞에 서자 숙연히 소원을 빌게 되었다.

2010년 광저우(광주) 아시안게임이 개최된 월수공원에 도착했다. 이곳 기후는 아열대 지방이라 짙은 녹음에 야자수와 바나나 열대 과일나무들이 주렁주렁 열매를 달고 있었다. 광저우의 상징인 오양(굶주림에 허덕이는 광저우 지방에 신선이 검은 기장 여섯 개를 들고 오색 양을 타고 내려와 풍요롭게 했다)이라는 전설이 있었다. 따사로운 볕이 다음 코스인 심천으로 발길을 재촉했다.

중국 내 소수민족의 생활상과 건축물을 보기 위해 중화 민속 문화촌으로 갔다. 오만 평 넓은 부지에 여러 곳의 명소를 응축

나열해 놓았는데 너무 넓어서 그곳의 관광열차를 이용했다. 그중에는 명승지와 역사, 생활 문화와 민족패션, 건축과 예술 등이 있었다. 모두 조형물이지만 어찌나 정갈하고 교묘하게 꾸며 놓았던지 감탄사를 연발했다. 그곳에서 승마쇼와 이천 석 되는 실내 공연장에서 민속쇼도 탄성이었는데 실외 공연장에서 소수민족의 삶을 재현하는 공연은 감동의 환호성을 부르게 했다. 심천이란 도시는 원래 조그만 어촌마을이던 것을 1980년 심천 경제특구로 지정하면서 개발된 공업도시란다.

서둘러 샅샅이 훑어본 여행 코드, 새벽부터 밤늦은 시간까지 빡빡한 일정을 보냈다. 이곳에 오기 전까지만 해도 이 나라 국민들이 이렇게 잘 사는 나라인 줄 몰랐다. 국민소득이 우리나라보다 훨씬 높은 것도 몰랐지만 청년 실업자가 적고 고루 잘 살 수 있게 운영하는 정책이 가장 부러웠다.

하루하루 지남이 아쉬워 밤마다 한방에 모여 회포 하며 헤헤거렸지만, 누구도 피로해 하지 않았다. 절간에서 넘치는 샘 같은 여행을 하고 나니 하늘나라에 간 남매의 그리움은 더 사무치지만 어찌하랴. 마지막 밤 바삐 흐르는 시간이 아쉽고 행복을 위해 재충전시키자는 약속을 하며 뜬눈으로 마음을 달랬다.

3

시와 철학이 숨 쉬는 곳

시와 철학이 숨 쉬는 곳

 몇 년 만인가 오색 계곡을 지나 한계령을 향하는 이 도로가. 계절마다 묘연한 색채로 감동을 주지만, 봄의 끝자락 짙푸른 휘장을 두른 모습은 가슴앓이하는 나에게 숨통을 확 열어준다. 설경과 단풍놀이 때는 관광차들이 빗발칠 텐데…. 한산한 능선 계곡에 올라탄 털쌘구름의 유희에 시선이 몰입된다.
 오랜만의 나들이를 눈치 빠른 기사님은 알아채기라도 한 모양이다. 잔잔한 클래식 음악과 최저 속도로 선심까지 베푼다. 산중턱을 오르자 험준한 산의 본모습을 유지하기 위해 언덕바지마다 쇠말뚝을 박고 그물로 에워 '낙석 조심'이라는 꼬리표까지 붙여 놓았으니, 야생화도 신음하며 행객을 맞이하는 것 같다. 이 광경을 보는 일행들은 어떤 상념에 빠질까? '타임머신 속에서 숭엄한 대자연에 취해 문학작품의 머리말이라도 포착하려 들지 않

을까?'

　기암절벽 수려한 풍광에 심취하다 보니 정상이다. 해발 일천 미터가 넘는 산마루에 도착하자 출발지와 체감온도가 다른 느낌이 들었다. 청정한 공기를 흠뻑 마시려고 큰 숨을 들이켜며 기지개를 켜자 '한계령'이라는 표지석에 있을 이름표가 '오색령'이라는 큼직한 글씨가 새겨져 있었다. 아무튼, 설명에 의하면 행정구역에 의한 분쟁으로 한계령이 오색령으로 바뀌었단다.

　오색령을 넘자, 계곡 안자락이 주는 분위기는 해 떨어지면 잠자리에 들고 새소리 벌레 소리에 기상하게 되는 첩첩산중은 시와 철학이 숨 쉬는 곳 같다. 깊은 계곡 때문에 시야가 좁아지지만, 한적한 풍경은 생활에 쌓인 스트레스와 눈의 피로를 풀어주는 것 같다. 삼림이 뿜는 피톤치드는 심폐기능도 높이지만, 널브러지게 자라는 초목마다 자연 친화적이라 모두가 보약 같은 밥상 차림의 재료로 보인다. 광치터널을 지나 고품격 웰빙의 명소라는 양구에 다다르자 설렘을 달래기라도 하듯 온기가 포근히 감싸 준다.

　볼거리로 대표적이라는 박수근 미술관에 도착하자 주위 환경을 청밀로 조성한 풍치는 미술관을 더 돋보이게 했다. 얼마 전까지만 해도 밀은 밀가루만 생산하는 농작물로 알았는데…. 바늘처럼 가느다란 긴 몸매, 체구보다 굵은 이삭을 머리에 이고 실바람과 일렁대는 정리된 밀밭은 건축물을 돋보이게 함은 물론 자연

미(美)의 오묘함도 느껴졌다.

　30도를 넘는 열기를 피해 서둘러 미술관내에 들어서자 소박하고 단아한 작품들이 먼저 시야에 들어왔다. 선을 이용한 작품에는 풍자함보다 우리나라 6~70년대 문화나 생활상을 목판이나 유화 수채화로 표현한 기법이 감동적이었다. 그리고 선생의 손때가 묻은 유품과 지인이나 벗이 기증한 각가지 작품들이 있었다. 전시된 교과서와 메모지, 편지, 사진 등을 보자 7~80년대에 사용하던 물품들이라 추억이 샘처럼 솟아 잠시 동심에 머물렀었다.

　특히 파빌리온(박수근 전시관 건축물)에 들어가자 선생의 작품 이외에 근, 현대 유명 미술작품들도 전시되어 있으므로 장르마다 미적 감흥을 맘껏 느끼게 했다.

　회색채의 건축물 외벽 분위기는 이외수 문학관과 비슷했지만, 상상을 함축시켜 표현한 예술작품들을 보면서 미술에 아무 조예가 없는 나로서는 신비롭게만 보였다.

　우리나라 최초 선사시대 전문 박물관이라는 선사 박물관을 관람했다. 북한강 유역에서 발굴됐다는 유물 중에는 도자기나 고생대 바다의 생태계 삼엽충, 화석 등이 있었다. 구석기, 청동기 시대의 유물들도 전시되어 있었지만, 사료관에서 보는 근 현대사 생활용품인 등잔이나 거름지게, 올챙이국수틀이나 나무 김치통을 보면서 '어린 시절 우리들이 사용하던 생활용품들인데 박물관에 보관되어 있다니 그들의 진화를 생각하면서 나도 옛날 사람이구나.' 새삼 느껴졌다. 그리고 우리나라 최초의 여권과 엽서, 우표와 월간지, 포스터와 전단지를 보면서 통신과 월간지 변천사에 대해서 더 자세히 알게 되었다.

'시와 철학이 숨 쉬는 공간' 인문학 박물관에 들어서자 양구 출신인 수녀 이해인 시인과 한국 철학을 대표한다는 김형석 안병욱을 주제 테마로 전시된 작품들을 보았다. 특히 이해인 수녀님의 시 「작은 기쁨」을 생각하며 내가 존경하는 소설가 박완서 선생님이 떠올랐다. 선생은 한 해 외아들을 교통사고로 가슴에 묻고 남편까지 잃게 된 삶의 아픔을 문학으로 승화시킨 굳건함을 존경한다. 어느 잡지에서 '두 분은 친분이 두텁고 외유내강의 성품을 지녔으며 상반된 환경이지만, 자상함과 인자함, 미소 천사 같은 표정을 짓는 공통점이 있다.'라고 했다. 가끔 작가 선생님들의 작품에 빠질 때면 두 분의 정서를 그리곤 한다.

다시 찾은 곳은 인공으로 빚어낸 한반도 섬이었다. 우리나라 한반도를 그대로 축소한 인공섬이다. 남한의 제주도, 울릉도, 독도는 물론 북한까지 한반도를 완벽하게 재현했다. 봄 가뭄이 워낙 심해서 섬의 모습이 드러나지 않은 점이 무척 아쉬웠으나 살랑대는 오월의 봄바람은 저만치 보이는 백두산에서 날리는 북서풍이라는 느낌이 들었다.

정겨움이 가득한 자연조건의 양구, 삭정이 같은 감수성도 이곳에 오면 감흥이 남실대고 문화와 예술이 일렁이는 고즈넉한 고장이라는 생각이 들었다. 짧은 시간 많은 것을 얻었지만, 해님은 정수리에 뜨거운 열기를 가했다. 어쩜 능선에서 건진 풍류 계곡에서 다듬어 실바람에 얹혀 한 수의 시를 술술 뿌리고 싶은 오늘의 기분이다.

복지가 부르는 파장

 생활을 증진하기 위한 사회. 국민이 보다 살기 좋고 안락한 환경을 조성하기 위해 노력하는 국가. 이 모두가 복지제도의 기본 틀이 아니겠는가. 불과 몇십 년 전만 해도 굶주리며 끼니를 해결하는 것이 국민의 바람과 희망이었다면, 이젠 그런 생활은 배고픔을 체험한 노인들까지도 까마득히 잊히는 과거사 같다.
 인생 칠십을 살다 보니 삶의 희로애락을 나름대로 체험했다. 30년 이상 대가족 생활을 하면서 다소의 불편함으로 불만도 있었지만, '고진감래'를 생각하며 극복했음이 오히려 할 도리를 한 것 같아서 당당하고 떳떳한 자긍심이 선다. 경험을 토대로 옮기는 행동 하나하나가 남은 인생에 큰 용기를 펼치게 한다.
 양극화 현상이 두드러지게 나타나는 우리 사회. 볼거리와 먹을거리가 지천으로 깔렸지만, 어려웠던 시기보다 인심은 빈 쭉정이 같고, 삶의 의욕을 잃은 탓일까. 손가락 하나 까딱하지 않고서 누군가 도움을 주겠지…. 안일한 생각으로 생활하려는 사람은 점점 늘어나는 것 같아서 장차 안정된 미래가 올까? 두렵기까지 하다. 그런 가운데 점점 흉흉해지는 민심, 질투와 시샘, 일확천금으로 요행을 바라는 사람들도 늘어나는 것 같아서 왠지 나이가 들수록 국태민안 나라 걱정이다.

선거철만 되면 후보자들은 살기 좋은 복지사회를 만들겠다고 유세장이나 벽보와 매스컴, 공공연한 장소를 막론하고 목줄띠를 세워가며 경쟁이라도 하듯 공약한다. 그것이 어쩜 국민을 게으르게 만들거나 일을 하려는 욕구마저도 상실하게 하는 원인이 아닐까.

민심을 얻기 위해 나랏돈을 본인들의 것인 양 선심성 퍼주기로 공약하고 당선 후에는 권력을 멋대로 남발해 복지기금에 과잉투자하는 것을 보면서 평소 당선자들은 약자를 위해 자기자본을 얼마나 투자한 경험이 있을까? 공개라도 했으면, 하는 마음이 들 때도 있다.

수백만 청년 실업자들은 일자리 걱정으로 부모 형제를 기피하거나 칠흑 같은 골방을 벗어나기 위해 몸부림치다가 지치면 삶을 마감하기도 한다는데…. 무작위로 노인 일자리 창출의 급선무가 웬 말이오. 젊은이들이 해야 할 건설 공사장은 자금 고갈로 허덕이면서도 사회복지 자금은 넘쳐서 "어떻게 써야 할지 골칫

거리다."라는 말들이 뜬소문이기를 바라는 마음이다. 그 자금을 조성하기 위해 각종 세금 수위를 높이려고 휘두르는 곤봉에 타격을 받는 사업자나 서민이 겪는 고통은 누구에게 호소할까, 부모가 자식에게 밥을 떠먹이는 것보다 먹는 법을 알려준다는 유태인의 자녀 교육법이 생각난다.

사회복지란? 국민의 생활 안정과 행복을 위해 보편적 복지도 중요하지만, 요소요소를 찾아 꼭 필요한 경제적인 저소득층을 선별해서 적절히 지원하는 복지사회를 진행하면 어떨까, 그러기에 우선은 의식주 문제 해결과 건강증진, 참다운 교육과 국민이 상호작용을 하는데 원활한 생활을 할 수 있을 정도에서 소외나 결핍자를 적당한 선에서 도와주는 일이라고 생각한다.

욕구는 개개인의 차이는 있겠지만, 각자 만족감도 다르지 않을까 빈곤과 실업, 결함과 황폐가 한쪽으로 치우쳐 양극화 현상이 두드러지게 나타나는 것 또한 불평등한 사회 구조 때문에 국민은 반동의 소리가 높아지기 마련이다. 그런 불평등 사회구조 때문에 발생하는 범죄나 가족의 불화를 미연에 방지하기 위해 국가나 정부가 앞장서서 도와주고 보살펴 주는 것은 당연한 일이다.

그런데 국고를 정치인들의 권력 유지를 위해 남발하거나 "버는 자랑하지 말고 쓰는 자랑하라."라는 성인의 말처럼 나랏돈도 내 돈처럼 아껴서 정말로 어려운 서민은 도와야 한다는 것이 국민의 바람이다.

필자는 남에게 베풀거나 돕는 것을 선호하는 사람이지만, 경제 사정에 맞게 지출하는 것이 기정사실이라고 본다.

외화 보유고의 허덕임으로 1997년 IMF를 겪으며 기업의 경영난과 근로자들의 고통, 실업자들의 수난 시대를 잊지 말아야 한다. 무책임한 정책으로 벌어진 사태를 수습하기 위해 온 국민이 금 모으기 행사에 솔선 참여하던 애국정신을 저버려서는 절대로 안 된다. 무상으로 지급하는 보편적 사회복지 제도를 하루빨리 철저히 관리하며 수혜자들에게 큰 도움, 낮은 비용으로 높은 효과를 거두는 사회복지제도가 됐으면… 기대한다.

미(美)의 과유불급

처마 밑, 새싹들이 꼬물꼬물 분주해 보인다. 개미 떼도 동면에서 깨어 허기짐도 있을 텐데 바삐 움직이는 모습을 보니 양식이 고갈되나 보다. 따스한 햇살에 알맞게 내리는 가랑비의 기운을 받아 분주히 움직이는 자연의 모습은 진풍경이다.

아직 겨울의 여운이 남아 있는데, 계량할 수 없는 것이 세월의 무게라고 했던가? 어쩜 나목이 봄을 희망하듯 민낯에 고르게도 펼쳐진 잔주름이 인생의 계급장이라고는 하지만, 어딘지 모르게 '청춘을 돌려다오' 노랫말을 읊조리게 되고 타임머신으로 과거나 미래로 넘나드는 상상을 해 봐야 현재 가치가 무엇보다 높은 것 같아 지내 온 삶의 후회는 하지 않는다.

여자라면 누구나 날씬한 몸매에 예쁜 얼굴과 고운 피부를 유지하고 싶지 않은 사람이 몇이나 있을까. 상처는 비빌수록 아프지만 광산에서 캐낸 원석은 손길이 많이 갈수록 보석의 가치가 높아지는 것처럼 아름다운 몸매와 탄력 있는 피부를 지탱하려면 꾸준한 노력과 운동, 고른 영양 섭취도 매우 중요한 맹점이 아닐까. 그러나 같은 연령대보다 더 훨씬 젊거나 예쁜 것은 부모에게서 받은 유전자가 원인 중의 하나라고 본다.

불혹을 넘어서면 피부 표면에 주근깨나 기미, 잡티가 맨눈으로 나타나지만, 속살까지 주름이 잡히는 노화 현상을 보면서 세월 앞에 인간은 굴복할 수밖에 없음을 체험하게 된다. 어떻게 생각하면 세상사 자연 순리의 현상이 아닐지 생각하다가도 외모를 추구하는 시대라 할까? 남녀노소를 막론하고 피부에 좋다는 정보는 별스럽게도 관심을 쏟을뿐더러 아낌없는 과잉 투자에도 스스럼없이 지갑을 여는 것을 보면 미(美)에 대한 관심의 수치가 높고 빠르게 진화되는 것은 사실이다.

인상은 그 사람의 삶을 엿볼 수 있고 국민의 인간성과 이미지는 그 나라의 역사를 짐작하듯이 사람을 외모로 인격을 평하는 것은 아니지만, 노령이라도 곱고 단정한 모습은 한 번 더 쳐다보게 되고 그러지 않으면 '손질을 좀 했으면' 하는 마음이 드는 것은 누구나의 생각일 것이다. 젊은이, 특히 연예인들은 얼굴 모습이 너무나 비슷해서 구별하기 어려울 정도나, 높은 인기몰이나 선호도를 위해서 꾸미고, 가꾸고, 고치는 것은 기정사실로 되었다. 해도 과언이 아니다.

성형 의술의 대중적인 발달로 외모로 나이를 예측하기는 힘든 세상이다. 보다 젊고 예뻐 보이는 여성들이 많다 보니 자연 미인이 오히려 자연스럽게 보이지 않을뿐더러 믿지도 않는 변화무쌍한 세상이다. 이젠 성형을 사치나 과소비 혹은 이해 못 하는 행위로 인식되기보다는 직간접의 권유에도 바로 실행하는 파장의 물결이 급히 성행으로 번지는 시대가 왔다고 본다. 어쩜 대학입시가 끝나거나 방학 시즌에는 부모가 자식에게 크고 작은 성형으로 선물하는가 하면 겨울철에는 예약하기도 어렵다는 소문도 돈다. 그리고 성형 의술이 다른 나라에 비해 월등 우수해서 각국에서도 성형하러 우리나라에 온다고 하니 외화벌이에도 큰 몫을 하는 것이라 기분은 좋다.

  그러나 과유불급(過猶不及: 정도가 지나치면 못한 것과 같음) 같은 행위는 자제해야 하지 않을까? 과한 성형 후유증으로 심한 우울증을 앓거나 심지어 외부와 차단하여 자살행위도 한다는 말을 들을 때는 마음이 아프다. 성형대출이라는 신종어의 남발로 예뻐지고 싶어 하는 사회 초보 여성들을 미끼로 병원에서 브로커까지 두고 사채 거래를 유도한다는 것은 무슨 말인가. 성형도 미 문화 발달의 변천사이지만, 상대에 대한 예의라 생각하며 과함보다 정도에 넘치지 않는 적절한 한도에서 아름다움이 추구했으면… 바람이다.

대나무와 소나무 정(貞)

내가 자라온 마을은 100호도 안 되는 작은 동네였다. 그리고 자연이 낳는 사계의 노래는 철마다 달랐다. 봄바람 타고 날아오는 벌 나비와 꽃과 새싹이 피고 지는 맛과 향의 소리, 여름날 성난 파도처럼 푸른 물결로 수놓은 숲의 소리도 나는 이미 듣고 있었다. 갈 바람 타고 형형색색 물감으로 옷을 입혔다가 강제로 알몸으로 벗기는 쌀쌀한 음률은 가을 날씨만큼 우리 마음을 쓸쓸한 슬픔의 도가니에 빠지게도 했었다.

마침 우리집 뒤에는 작은 산이 병풍처럼 에워싸고 있었다. 그 산에는 온통 소나무뿐이었다. 아름다운 처녀의 몸매처럼 곡선이 진 S자형의 나무가 자라는가 하면, 먹고 싶은 것을 마구잡이로 먹어 살집을 숨길 곳 없는 비만이 넘치는 소나무도 있었다. 또 청량음료와 같이 시원하게 웃자란 나무에 질세라 어깨가 떡 벌어진 영국 신사같이 '누가 봐도 그놈 잘났다.'라는 호평을 받는 소나무도 있었다. 그 잡다한 소나무들이 봄에는 싸늘한 샛바람의 방풍벽 역할을 하여 아이들을 툇마루에서 따뜻하게 놀 수 있게도 하였다.

여름에는 매미채를 들고 허리 굽은 작은 소나무 위에 올라가 풀피리를 불고 동화 속의 이야기처럼 남 먼저 낭만의 정취에 잠기게 하였다. 껍질이 벗어진 소나무는 아픔의 눈물로 송진이 송골송골 맺혀 있으면 아이들은 송진으로 껌도 만들었다. 씁쌀한 송진 맛과 진한 향을 제거하느라 쫀드기라는 작은 열매를 곁들이고 크레용으로 알록달록한 물을 들여 씹으며, 입안에서 송진 껌을 씹는 구강의 놀이터도 만들어 주었다.

예전에는 검은 골기와 지붕의 디귿자 형인 한옥 우리집은 읍내에서 제일 잘 지은 집이라는 소문이 나서 집 구경 오는 사람도 많았다. 넓은 마당 앞과 옆에는 울창한 대나무밭이 있었다. 쭉쭉 뻗은 대나무 숲은 늘 푸른 옷만 입고 있어 계절의 변화를 알릴 줄 몰랐지만, 대나무 숲 사이에 자라나는 찔레나무와 뽕나무 칡넝쿨이 계절의 변화를 알렸고, 자라나는 모습에서 우리는 식감의 즐거움을 느낄 줄 알았다.

대나무밭은 아이들을 놀 수 있는 공간을 만들어 주지 않았다. 대를 자른 밑둥치가 날카로워 그곳에서 놀 생각은 엄두도 못 냈다. 그러나 나는 대나무와 소나무는 다른 나무에 비해 숨은 비밀을 잘 알고 있다. 별도로 관찰한 적도 없지만, 언제나 옆에 가까이 있었기에 두 나무에 대해서는 아는 바가 크다.

 대나무는 곧게 자라는 특성이 있다. 종류도 오죽과 청죽 다른 몇 종류가 있지만, 우리집은 청죽뿐이었다. 대나무는 차가운 성질을 가지고 있어 여름철에는 대나무 돗자리를 사용하고 죽부인으로 더위를 식힐 수도 있었다. 단단하게 높이 뻗은 모습으로 강한 성질의 나무라고 생각할 수 있을 것이다. 그런데 눈(雪)에는 전혀 힘을 쓰지 못하고 약하다. 눈이 내리는 날에는 소나무는 잎과 가지마다 아름다운 설화를 피우지만, 대나무는 눈(雪)을 이불 삼아 드러누워 버린다. 그리고 두꺼운 이불을 덮으면 일어날 기운은 전혀 찾지 못하고 땅바닥에 엉킨 채로 넙죽 드러누워 탁탁 허리춤이 꺾이는 아픈 소리를 낸다. 그럴 때면 속내가 텅 비고 하얀 얇은 속살을 부끄럼 없이 드러내 보인다. 대나무 통이 터지는 슬픈 울음소리는 가까운 거리에 있지 않으면 아무나 듣지 못한다. 우리는 눈이 온 다음 날에는 긴 작대기를 들고 대나무밭을 다니며 눈을 털어 주기도 하였다. 덮고 있던 이불을 활활 털어내면 고맙다는 듯 이리저리 휘청대며 부스스 절하는 자세로 일어난다.

 마른 대나무 잎을 밟는 소리는 다른 낙엽과 전혀 다르다. 가만히 살금살금 걸어도 서걱서걱 소리가 절로 난다. 은은한 대나무 향은 단아하고 정교한 모양과 같이 느껴지며 몇십 년 만에 피우는 대나무꽃은 어미 나무의 진까지 다 빨아 먹는지 그다음 해 서서히 말라 죽는다.

　소나무는 대나무에 비해 곧고 따뜻한 정겨움이 느껴지며 모양도 다양하게 자란다. 모진 풍파를 겪지 않고 편안하게 자란 소나무는 하늘을 찌를 것처럼 용맹스럽고 웅장하며 거대한 아름드리로 자태를 뽐내기도 한다. 그러나 바위틈 사이나 비탈진 곳에서 모질게 자란 소나무는 짧고 단단하며 관찰하는 사람마다 다양한 모양을 연상할 수 있는 감동을 일깨워 주기도 한다. 그래서 분재용으로 소나무를 많이 사용하며 모양 또한 분재가 들의 재능에 따라 천차만별로 상품 가치를 낼 수 있다.

　한낮에 굵고 큰 소나무 밑을 걸으면 향과 시원한 공기에 취하게 되며 예쁘고 아름다움보다 고고하고 멋스러운 자태라고 표현하고 싶다. 봄철 소나무에서 피어나는 송홧가루를 받아 차나 송편을 빚어 먹기도 하지만, 연한 솔방울과 솔잎을 따서 꿀에 재어 차로 마시면 그윽하고 향기로운 맛에 누구나 취하지 아니할 수 없을 것이다. 머리가 희끗희끗한 모발로 생활할망정 소나무에 깊은 정을 지울 수 없다.

감식초 걸렀어요

'시간은 유수 같다.' 그래서 그런가? 언제나 하루하루가 바쁘다. 흐르는 물, 그중에도 내 일상은 실개울이 아니라 비탈진 강물 줄기처럼 빠르게 지나가는 것 같다. 그러다 보니 모든 일에 집중이 어렵고 해야 하는 일을 잊어버리는 것은 습관처럼 되었다. 육체노동과 정신적인 일이 중복되어 늘 동분서주할뿐더러 이젠 내 이름자 뒤에는 바쁜 사람으로 낙인이 찍힐 정도니, 자아를 괴롭히는 나도 한심스럽다.

무공해 친환경 식품을 선호하다 농사를 시작한 것이 엎치락뒤치락 수십 번의 노하우로 베테랑급 농민이라는 것을 자칭하며 농지의 자투리 공간도 비워 두기란 아까워 씨앗을 뿌린다. 이른 봄부터 각종 모종을 시작으로 강낭콩과 땅콩, 검은콩과 흰콩, 씨앗은 물론 오이와 토마토, 고구마와 상추, 감자 등등 아무튼 농산물은 모두 자급자족하는 편이다. 그리고 주부, 부모 역할은 기본이고, 사업하는 남편의 내조자와 사회봉사 등 일을 하며 자신감으로 잘도 버틴다.

농사일은 거의 공휴일이나 새벽, 저녁때 한다. 한낮 땡볕을 쬐면 현기증이 일어나고 피부에 햇볕 알레르기 증세가 생겨서 되도록 직사광선을 피한다. 그러자니 초봄부터 매일 새벽 4시가 조금 지나면 기상이다. 때로는 눈까풀이 떨어지지 않아 이불 속에서 5분만 10분만 하다 그냥 두 벌 잠을 자고 나면 그 뒤에는 일이 착오가 생겨서 후회하기 때문에 이제는 무조건 이불을 박차고, 나선다. 낮에는 평범한 주부의 모습으로 단장하지만, 새벽이면 작업화에 밀짚모자 고무장갑을 끼고 땀에 찌든 작업복으로 밭고랑을 헤매다 보니 때로는 위장한 내 모습 때문에 몰라보는 사람도 있다.

몇 년 동안 농사일에 몰두하다 보니 얼굴 피부 결이 바뀌는 것은 물론 손가락 마디가 굵어지고 거칠고 딱딱해졌다. 그 관계로 지인들의 만남에서 악수하면 "손이 왜 이렇게 거치냐?" 질문도 받는다. 예전 같으면 그에 대한 답변이 부끄럽기도 했겠지만, 오히려 요즘에는 농사일 때문이라고 당당하게 대답한다. 처음 농사를 배울 때는 '내가 왜 이 일을?' 불만도 했었는데…. 이제는 남편보다 먼저 들에 나가자고 청한다.

큰 발전과 소득은 없으나 보람 있는 농사일. 웃자란 잡초와 씨름하고 비지땀으로 곤두박질과 신경전을 하며 승패의 결론이 없어도 그저 일만 끝나면 그늘진 곳에서 돗자리 깔고 누워 서풍을 맞는 느낌이 든다.

그런 가운데 새로운 생활 정보도 터득하고 농산물은 물론 식생활에 필요한 먹을거리 정도는 되도록 열심히 노력해야 한다는 것이 습관이 되었지만, 요즘 도시민들이 선호하는 건강식품이 늘 우리 곁에 즐비해서 주머니 사정은 얄팍해도 풍년작 고가격 농산물이 가득한 농지를 보는 것만도 포만감이 든다.

그래서 매실과 오디, 머루, 당귀, 복숭아의 건강에 좋다는 엑기스와 감식초도 내가 직접 담아 먹는다. 늦가을 농번기가 거의 끝나는 무렵에는 감나무 가지마다 주렁주렁 달린 감들이 자기 모습을 뽐내며 우리 부부의 손을 기다린다. 농촌 밭가에는 거의 감나무 몇 그루씩은 있다. 우리 집은 특히 감나무가 많다. 15년 전에 밭가에 감나무를 심어 놓은 것이 요즘 한참 굵고 잘생긴 대봉이 주렁주렁 달린다. 우리 감은 100퍼센트의 천연 무공해 과일이다. 전혀 농약을 살포하지 않기 때문에 길을 가다가도 홍시만 되면 뚝 따 먹고, 달콤한 감 맛과 향이 혀끝을 녹이면 혹시 잎사귀 뒤에 숨은 홍시를 찾느라 두리번거리게 된다. 그런 감으로 곶감도 홍시도 만들어 먹지만, 예전에 친정엄마 뒷전에서 감식초 담는 것을 곁눈질로 배워 직접 감식초를 담아 먹는다.

늦가을에 붉게 잘 익은 감을 따서 깨끗이 닦고 꼭지를 따낸

후 큰 항아리에 차곡차곡 담는다. 내가 몇 차례 경험해 본 결과 너무 홍시가 되거나 덜 익어도 맑고 새콤달콤한 식초 맛이 덜 난다. 선명하고 싱싱한 주홍색 감이 몇 차례 서리를 맞아 감의 텁텁한 맛을 덜어내고 당분이 듬뿍 담긴 것이 식초 재료로 제일이다. 홍시가 되면 식초 물이 탁해져서 거르기가 어렵고 덜 익으면 맛과 달콤한 향이 떨어지므로 곶감 깎을 정도로 골고루 잘 익었을 때 담는 것이 가장 적절한 시기라고 말할 수 있다. 청결하게 한다고 물로 씻어 담아보니 꼭지에 물기의 잔여물이 남아 부패한 경험을 해 봤기 때문에 씻지 않고 깨끗이 닦아 통풍을 시킨 후 항아리에 넣는다.

그렇게 늦가을 항아리에 담아 비닐로 꽁꽁 동여매어 직사광선을 피해 서늘한 곳에 보관하여 1년 이상 숙성 과정을 거치면 발효된 식초가 탄생한다. 발효 과정이 길면 길수록 산성 즉 신맛이 강해져 3년 이상을 보관하면 빙초산처럼 강한 맛과 달콤한 향까지 우러난다. 식초로 둔갑한 수분 빠진 감은 노부인의 젖가슴처럼 쭈글쭈글하고 뭉개진 무거리는 음식물 쓰레기 통으로 버림을 받는다.

지난 일요일 3년 전에 담은 감식초를 걸렀다. 항아리에 덮인 뚜껑과 비닐을 걷으니 새콤한 식초 향이 코끝을 들썩였다. 손가락으로 콕 찍어 맛을 보자 '야! 그래 바로 이 맛이야.' 감탄사가 절로 나왔다. 고운 보자기로 몇 차례 거르고 나니 발그스레하고 새콤달콤한 식초가 탄생했다. 나는 매년 감식초를 1.8리터 병으로 스무 병, 정도 뜬다. 감식초는 비만과 다이어트 식품에 좋다고 한다. 친인척에게 선물하면 늘 우리집에 남는 것은 반도 안 된다. 초장 만들 때도 반드시 내가 만든 감식초로 신맛을 낸다. 아침 식후 감식초를 물과 희석하여 한 잔씩 마시면 일상의 새로운 엔도르핀이 감 향처럼 감돈다.

 인터넷에서 감식초 판매 가격을 보고 깜짝 놀랐다. 내 경험으로는 감 가격도 안 되는 가격이다. 내가 알고 있는 식초 만드는 비법을 알리고 싶어 글을 써 본다.

관측 사상 최고 열대야

 한 달 이상 폭염 열기가 가시지 않는다. 용광로 같은 무더위를 견뎌내자니 온몸이 땀범벅이라 만사가 귀찮다. 백 년 이상 넘어선 최대의 무더위라 하지만, 난생처음 섭씨 40도를 넘나드는 기온에서 생활하다 보니 밥맛도 없어지고 의욕도 떨어진다.
 지구상에서 가뭄이나 폭우, 해일이나 화산폭발, 지진과 폭염 같은 천재지변이 폭동처럼 발생한다. 그로 인해 하루아침에 산야가 둔갑하고 동식물의 서식처가 쇠퇴하는가 하면 멸종 위기까지 가는 것도 있다. 생태계 이동으로 바다에는 어패류의 거처 장소도 바뀐다. 엎친 데 덮쳤다고 할까 아직 농산물 치료 약품이나 예방 백신을 개발하지도 못했다는데…. 무더위와 가뭄 때문에 희귀성 바이러스 세균으로 농작물 성장을 멈추거나 과육의 질이 떨어지고 흑변이 생겨 상품 가치가 없는 작물도 태산 같단다.

기상청에서 발표하는 폭염이란 "일일 최고 기온이 33도가 2일 이상 지속되는 날씨를 말한다. 그리고 하루 최고 기온이 33~35℃가 2일 이상 예상될 때 폭염 주의보를 발령하고, 기온이 35℃ 이상이고, 열지수가 41℃ 이상인 상태가 2일 이상 지속될 것으로 예상될 때는 폭염 경보를 발표한단다." 그런데 올해는 20일 이상 폭염 주의보를 발령한 곳이 있다니 걱정이 앞선다.
　논바닥이 거북등처럼 벌어진 모습은 봐 왔지만, 호수 바닥이 쩍쩍 갈라진 것을 보니 어이없다. 올해 같은 찜통더위에서 생활해 보니 열대지방 사람들의 동작이 느릿느릿 굼뜨다는 이유를 알겠다. 연중 삼모작까지 할 수 있는 농지를 휴경작 하는 사정도 알게 되었다.
　편리함만 추구하려던 인간이 저지른 자연훼손, 쓰레기 과부하로 지구가 몸살을 앓고 그에 따르는 온난화 현상으로 이런 대가를 받는 것이라면 불볕더위 열대야가 올 한 해로 끝나는 것이 아니라 앞으로 관측 사상 최고 기후라는 또 다른 기록 갱신을 대비해서 미리부터 대처방법을 강구해야 할 것 같다
　불과 몇십 년 전만 해도 우리나라는 뚜렷한 사계절 구별이 있었고 겨울철에는 삼한사온의 기온변화가 뚜렷했다. 그런데 요즘은 봄, 가을이 짧아지고 아열대 농작물을 쉽게 생산한다니 그것 또한 득보다 실이 더 큰 것 같아서 걱정된다.
　목마름에 애타는 자연만큼 극심한 기온 변화 때문에 인간의

정서와 감성도 쭉정이 벼 이삭처럼 말라 삶의 척도까지 삭막해진다. 그로 인해 생존경쟁의 수치마저 점점 높아지니 사회의 강도 높은 불안정 요소가 발동할까 두렵기도 하다.

심한 열대야로 파종한 농작물 씨앗은 싹을 틔우기 전에 땅속에서 익어버리고 풋과일이 나무에서 화상을 입기도 하지만, 빨간 고추가 직사광선에 쬐어 하얗게 타고 있으니 자연 대란이 이런 것이 아닐까? 지금부터라도 모든 인류가 대자연에 굴복하며 보호하는 자세, 내 하나쯤이야 하는 무책임한 생각보다 조금은 불편하더라도 환경정화에 앞장서는 마음가짐으로 생활해야 하지 않을까.

제 죽는지 모르고 일하는 농군이나 근로자들, 생명을 위협하는 가마솥더위에 그까짓 농작물을 보살피다 열사병으로 귀중한 목숨을 잃고 가축들을 돌보겠다고 피땀 흘리다 쓰러지는 사육사들은 누구를 위해 일하는 것일까. 산업전선에서 땀을 쏟는 힘없는 근로자들을 보면서 '폭염과 열대야로 이중고를 겪는 자는 평범한 서민이구나.' 생각하니 찜통더위가 지속될 때는 강제라도 작업 중단을 시키는 법제화라도 만들어 생명의 존엄성도 일깨워 줬으면 하는 생각이다.

농군의 일상

 농군은 여명이 밝아오는 첫새벽, 눈꺼풀을 치키며 밭으로 향한다.
 모종한 작물들이 겨우 새 뿌리를 박기도 전에 빈 이랑을 푹 덮은 잡초는 우량 농산물 같다. 행여나 풀이 영양을 뺏기라도 할까, 다급히 밭골에 들어가 성난 송아지처럼 이 골 저 골 다니며 호밋자루를 휘두른다. 그것도 모자라 비료 포대를 옆구리에 차고 돌아치다 보면 땀범벅이 되는데…. 그 모습 바라보는 해님도 안타까운지 때로는 살짝 구름 사이로 몸을 숨겨 준다.
 농사일은 대충이라는 법이 없다. 작물들은 농민의 깊은 정성까지 요구한다. 적당한 온도와 통풍, 습도와 충분한 영양, 그리고 사랑과 열정을 쏟아야 올곧은 상품을 생산할 수 있다.
 농군은 억척이라는 수식어가 붙어야 하는 건 기본이다. 떡잎만 봐도 수확량을 짐작할 수 있어야 하고 작물의 풍악 소리나 앓는 소리까지 읽어야 한다. 소비자들에게 작물이 관심을 끌게 하려면 코미디나 토크쇼같이 수많은 노동과 노력하는 것이 농군이다. 그네들의 요구하는 밥상을 생각하며 입맛과 취향에 맞게 노력해야지만 작은 수익이라도 낼 수 있다.

우리 땅을 지키겠다고, 소비자가 원하는 작물을 생산하겠다고 고집하면서 유언비어로 가격 폭락이 올까 가슴앓이부터 하는 농군. '굵은 허벅지만큼 키운 무 한 개 오백 원, 짚단 같은 열무 한 단 일천 원도 못 받을 바에는 갈아엎는 게 낫다.'라면서 눈물 머금고 가슴으로 우는 농군의 마음을 그 누가 알까.

봄부터 농군은 한 줌이나 되는 풀포기의 머리채를 잡고 거침없이 뽑는 것이 그네들의 일상이다.

뜻밖의 선물

 땅속에서 씨눈을 터트리느라 용트림치나 보다. 시야에 들어오는 아지랑이와 발밑에 차이는 새싹들도 꿈틀대는 느낌이 든다. 성미 급한 매화는 꽃망울을 터트리려다 감기에 걸렸는지, 마른 가지에 옹기종기 둘러앉아 서로 살갗을 비비며 햇볕만 기다리는 것 같다. 매화가 나를 환영의 손길로 불러 주기에 가벼운 옷차림으로 성급히 나갔더니 찬기가 사정없이 맨얼굴을 내리친다. 봄이 찾아오는 소리와 색깔을 맛보려다 쏜살같이 안으로 들어왔다.
 환경과 배경이 다른 가지에서 꽃다운 젊음은 지나갔지만, 마음에는 사랑의 꽃대가 나를 잡는다. 어느 날 부부가 되어 달콤한 애정을 길러온 연리지 같은 인연, 이젠 잘 익은 와인처럼 뭇사람들로 준수하고 멋스럽다는 진행으로 나가고 싶다. 그러기 위해서 나름대로 노력의 탑을 쌓아 올려야 할 텐데…. 쉬운 것 같으면서 가장 어려운 것 같다. 까칠한 사람보다 다듬어지고 밝게 웃는 습관, 자신감 넘치고, 매너 있는 성품이라는 부부로 남고 싶은 것은 무리한 욕심이겠지.

　진주혼식이라는 긴 세월을 함께하는 동안 용광로처럼 이글거리는 뜨거운 사랑에 빠져 보지도 못하고 떠들썩하도록 싸움질을 한다거나 맞대응하며 의견 충돌로 다툼도 없었다. 이중성격도 아니면서 남을 의식하며 포용력 그득한 삶을 살려고 노력은 하였다.

　'파괴는 건설이다.'라는 말처럼 때로 경멸하거나 증오하며 권태로운 경험을 했다면, 아마 더 진보적 생활이 되지 않았을까 하는 생각도 한다.

　부모라는 책임 때문에 부부는 참고 이해하며 신뢰 속에서 격려하는 일상을 지탱하려고 노력했다. 남들처럼 소란토록 챙겨주는 기념이라든가 특별한 날 주고받는 이벤트 행사는 거의 없었다. 아니 주는 편과 받는 쪽을 저울질한다면 아마 주는 쪽으로 바로 기울어질 정도다.

　여보! 남들은 꽃바구니를 한 보따리 받는다던데, 누구는 뭉칫돈도 받았다던데. 하는 말이 채 입 밖으로 나오기 무섭게 "마당에 계절마다 피는 것이 꽃이고 경제권은 본인이 다 관리하면서 무슨 돈." 더 이상 불평할 여지도 없이 말문을 막았다.

　모란과 수국을 좋아하기에 삶을 그렇게 만들려고 노력했다. 곱씹힐수록 매력 있는 아내가 되려고 준비해 온 덕이라 할까? 결혼기념 40년이 되자 뜬금없이 남편은 두툼한 봉투를 내밀며 "자! 내 비자금으로 모은 거야 맘대로 써." 바로 출근을 서둘렀다.

봉투 속을 들여다보는 순간, 놀람을 참을 수 없었다. 분명 돈이었다. 여러 손을 거쳐 손때가 푹 묻은 낡은 만 원권 지폐였다. 가슴은 뜀박질하는 어린애처럼 콩닥거렸다.

잽싸게 휴대전화로 1번 키를 누르자 심장박동 소리가 전화에서 나오는 음악 소리를 방해했다.

"여보! 이게 뭔데?"

"응. 이날을 위해 미리부터 준비했지."

그 말에 모든 내용이 담겨 있음을 알았다. 평소 과묵한 성격, 아직 사랑한다는 말 한마디 듣지 못했어도 눈빛으로 마음을 읽는다. 사랑이란 표현과 칭찬이란 표현이 늘 영양실조로 비틀려 있지만, 무표정 속에 느낄 수 있는 오묘한 정까지 품고 있다는 것을 알고 있다.

구겨지고 닳아 지폐 두께가 신권보다 배로 불어난 일금 백만 원, 손아귀에 겨우 집히는 금액을 알면서도 헤아리고 또 헤아렸다. 돈의 숫자보다 본인이 한 장 두 장 불려 나갈 때 무슨 생각을 하며 모았을까, 따로 챙길 여분도 없음에도 어디를 더 절약하였을까. 그것을 모으기 위해 얼마만큼의 시간이 소요됐을까, 이런저런 생각을 하니 금액보다 가치가 몇 배나 더 했다.

꼭 우리만을 위해 지출할 것을 다짐하지만, 통장에 넣자마자 자동 인출될까 걱정되기도 한다. 더 이상 변하지 말고 산호혼식이나 금혼식으로 진행되기를 내심 바란다. 여보! 고마워요. 이젠 표현하는 모습보다 그대로가 내 몸에 배었으니 함께하는 날까지 건강합시다.

구름이 아무리 방해해도 저 하늘에 해님은 내일도 뜰 것이다.

촌지를 법으로 규정이라니

　나이 탓일까? 내 손길이 필요하다면 누구에게라도 다가가서 잡아주고 싶은 마음이 든다. 지인들과 따뜻한 차 한 잔을 나누거나 손수 지은 음식을 나눠 먹으면서 오밀조밀 이야기꽃도 피우며 살고 싶어지는 것을 보면 나이가 들었음이 분명한 것 같다.
　예전보다 생활 문화가 많이 바뀐 요즘. "콩 한 쪽도 나누는 습관을 버리지 말라." 당부하시던 친정어머니의 말씀이 떠오르고 대청마루에서 변변치도 않은 음식을 이웃과 나누어 먹으며 길손까지 불러들여 밥 한 그릇 주고받던 시절이 그립다.
　얼마 전 생각지도 않은 지인한테서 "그동안 감사했다."라는 말과 함께 주유 상품권 한 장을 받았다. 얼떨결에 받기는 했지만, 감사할 만큼 무언인가 베푼 것도 없었고 명절이나 기념일도 아닌데…. 난데없이 상품권을 받고 나니 큰 부담감과 만감(萬感)의 교차로 몇 달 보관하다가 내가 신세를 진 지인한테 생광스럽게 사용하며 이런 것이 촌지인가? 하는 느낌도 들었다.

  자식을 교육 기관에 보낼 때 일 년에 몇 차례 감사의 표시로 마음의 선물을 보낸 적이 있다. 대가성을 받으려는 것이 아니라 부모보다 선생님과 더 많은 시간을 보내고 보살펴 주기에 감사의 표시로 답례한다는 생각에서 반드시 챙겨 드리고 싶기도 했다.

  촌지란 마음에서 우러나오는 정성스러운 선물이라고 생각하는 나는 질 좋고 고가 상품보다는 소담스럽더라도 받아서 부담을 느끼지 않을 정도 적당한 것으로 준비했다. 그리고 가격의 가치보다 성의를 우선했기에 색다른 음식이나 시기에 맞는 생활필수품 정도로 준비하되 받는 분의 성격과 분위기 이왕이면 취미나 특성, 나이나 성품을 고려하여 마련하고 전달 방법은 아이에게 짧은 편지와 함께 직접 갖다 드리도록 했다.

  그런데 공경과 예의범절이 삭정이처럼 마르는 요즘, 감사에 대한 마음의 선물이라도 금하거나 스승이나 선후배, 상사나 동료 사이에도 은혜를 입은 보답마저도 한계선을 정한다는 실정이니 전통적으로 내려오던 푸근한 인심까지도 갈잎처럼 말라 가는 게 아닐까.

  과공비례(過恭非禮)라고 했던가? 선의의 방법도 과하면 화를 일으키는 것은 있지만, 촌지에 대한 한계의 범위가 도에 넘치는 것은 일부 특정인들의 부조리 방법일 것인데…. 모든 사람의 일처럼 일괄 통일시키는 것은 긍정보다는 반항의 소리로 씁쓸해진다. 특별한 혜택을 받기 위해 사사로이 이권을 챙기려고 사람을 매수하여 주는 부정한 돈이나 물품은 뇌물이라 생각한다.

'동방예의지국'이라는 선조들이 얼을 남기기까지는 무수한 공경과 공덕으로 빚어진 삶이 있었고 누가 뭐라고 해도 아직은 그래도 도덕과 예의범절이 더 많이 살아남아 있을 거라고 믿는다. 몇몇 욕심이 지나친 자들로 인해 선의로 아름답게 보답하던 감사의 관행이 범죄로 둔갑하고, 호의적인 정보다는 악행 습관을 빚은 고약한 자들의 정보를 곱씹는 것을 들을 때는 설마, 하면서도 믿게 되고 오해이기를 단정 짓고 싶기도 하다.

이해충돌 방지법이니 관피아 척결이니 하며 사회의 이슈로 유언비어처럼 떠도는 말에 화가 치민다. 그리고 또 금품수수 방지법, 부정 청탁 금지법처럼 새로운 법 규정을 정한다는 것은 일부인 것을, 전부인 양 소란을 떨고 전 국민에게 고수한다는 것, 자체가 형평성에 맞지 않은 우스개 말장난이 아닐까.

4

파괴는 새로운 건설이다

그리운 회상의 편지

"어머니! 그때 약속을 기억하고 계시는지요?"

아버님께서 나비처럼 하늘나라 가신 후 어머니와 아들 며느리 세 식구, 새끼손가락을 걸며 잘 살자고 약속했던 일을 말입니다. 그런데 채 일 년 되기 전에 어머니도 아버님과 같은 진단을 받았을 때 놀랐던 가슴. 저는 아직도 머릿속에서 지워지지 않습니다.

알츠하이머 환자는 보호자의 시선에서 한 시라도 벗어날 수가 없습니다. 질병의 골이 깊어질수록 방치하면 한나절 내에 무슨 사고를 낼 게 뻔해서 자유를 드릴 수도 없었습니다.

망백을 바라보는 연세에도 밝은 계통의 멋진 옷을 좋아하시던 어머니. 그러나 치매 진단받은 지 3년이 지나자, 어머니의 행동은 점점 어린아이로 변했습니다. 미아처럼 거리에서 헤매시고 밤새도록 뜬눈으로 보따리 싸고 풀고를 반복하셨습니다. 그렇게 아끼시던 출입복과 소지품을 발기발기 찢어대는 모습을 보는 저는 놀랍기도 했지만, 너무나 속상하고 가슴이 아팠습니다.

제가 어머니의 며느리가 된 지 강산이 세 번 이상 바뀌었습니다. 한 지붕 아래 살면서 저를 효부라는 소리를 듣게 만들어 주신 분이 어머니셨습니다. 동고동락하면서 눈에 거슬리는 일이 얼마나 많았을 텐데…. 며느리의 자랑이라면 팔을 걷어붙이시고 아끼지 않으시던 어머니, 평소 말수가 적으심에도 며느리 얘기만 나오면 봄볕을 먹으며 추녀 밑에서 살집을 올리는 새싹처럼 자랑하셨습니다. 한결같으신 미소로 대해 주시던 어머니는 저에게 편안한 거울이었습니다. 그렇게 받은 사랑 태산 같았는데…. 철들어 보답할 즈음에는 이미 어머니께서 하늘나라 가신 뒤라 갚을 길이 없습니다.

어머니보다 먼저 고인이 되신 친정엄마는 저의 성격이 조용하지 못하다고 늘 손바닥에 '참을 인(忍)' 자를 써서 다니라고 말씀하셨습니다. 덜렁댄다고 침착하라는 훈육도 아끼지 않으셨습니다. 그리고 여자 말이 담 밖까지 들리면 안 된다고 집게손가락을 입술에 대시며 입이 닳도록 잔소리도 하셨습니다. 어머니는 제 그런 행동을 더 잘 아셨겠지만, 아무 말씀도 하시지 않으셨습니다.

그러시던 어머니께서 진단받은 지 5년이 지나자, 아기로 변하셨습니다. 아침 어머니의 방문을 열면 저의 시선은 변기부터 갔습니다. 그 속에 소변의 양이 많으면 감사했고 거기에 큰 것도 함께 있으면 더 감사했습니다. 평소 정갈하시던 어머니께서 실수하신 용변을 이불로 닦고 계실 때 어리석은 며느리는 짜증부터 냈습니다.

어머니께서 사랑하시던 20대 장손이 "새해 복 많이 받으세요." "할머니 건강은 어떠세요?" "식사는 잘하세요?"라며 늘 다정하게 말한다. 그러면서 우리 보고 "항상 긍정적으로 생활하라고 하신 것처럼 엄마도 긍정적으로 받아들이세요."라는 말에 콧등이 찡했었는데…. 그 아들이 벌써 40대가 되었습니다.

지인들이 "노인 요양 시설에 보내라."하시기에 어떤 곳인지 제가 찾아가 봤었습니다. 어쩌면 정리된 환경이 편할 수 있지만, 15년 전에는 집보다 더 자유가 없어 보였습니다. 우리집처럼 넓은 마당과 뜰도 없었습니다. 이 방 저 방 다닐 수 있는 공간도 없었습니다. 비록 며느리와 오가는 대화가 동문서답일망정 나눌 수 있다는 게 행복 같았고 며느리와 손잡고 잔디를 밟으며 어머니의 따뜻한 온기를 받는 것이 훨씬 나을 것 같아서 그냥 함께 살자고 아범과 약속했었습니다.

정부에서 시행한 노인 요양 자격증을 취득했더니 어머니 때문에 저는 재택 근무하는 직장인이 되었습니다. 집에서 보호한다고 매월 일정한 급여가 제 통장에 입금되었습니다. 맛있게 드시던 빵과 과자 간식들을 그 돈으로 지출했으니 사실은 어머니께서 주시는 용돈으로 저희가 사용한 것이었습니다. 그러면서도 중환으로 고생하시는 어머니 아픔에 보답할 기회를 놓쳐버렸으니 참 미련한 며느리였습니다.

　일하지 않으시면 집안이 무너지기라도 할 것처럼 평생 논밭에 사시던 어머니. 굽어진 허리를 보면서도 며느리는 일을 좋아하시는 분인 줄 알았습니다. 엄동설한에도 시금치를 다듬는 어머니가 노동을 즐기시는 사람인 줄 알았기에 허리가 얼마나 아프신 줄도 몰랐습니다.

　농한기 틈을 이용해 직접 만들어 주신 삼베로 홑이불과 적삼, 보자기를 아직 사용하면서 왜 그때 '일을 그만 좀 하세요.'라는 말을 못 했는지 참 부끄럽습니다.

　지금 생각하니 며느리는 어머니께 마음의 거리를 두고 자유를 누릴 수 없게 감시만 한 것 같아서 죄송합니다.

　시어미 된 지 10년이 지난 요즘 저도 어머니처럼 시어미 노릇을 해보려고 하지만, 참 어렵습니다.

　만추에 뒹구는 낙엽을 보며 그때의 생활이 오롯이 떠올라 회상을 그려봅니다.

솔향 가득한 한옥의 정취

 뜨거운 햇살을 머리에 이고 잡초들과 신경전을 벌였더니 시장기 탓일까? 마룻바닥은 검버섯이 잔뜩 낀 늙은이의 피부 같다. 하기야 질 좋은 물건도 팔십 년 이상 사용하면 골동품 취급을 받거나 쓰레기가 될 법한데 낡은 집은 수리하면 새로운 분위기가 나겠지!
 "여자와 집은 가꿀 탓이다. 한옥을 오래 잘 유지하려면 부지런히 손길을 줘야 한다."
 "알았어요."
 "잠시 소홀히 하면 구석구석에 습기가 차서 집의 수명이 몇 년 못 가."
 "엄마, 우리 집에서 하룻밤만 주무시면 안 돼?"
 "그러면 좋겠지만 집은 공기가 통하게 문을 열어줘야 한다니까.”
"그래도 하루만 주무시지."
"야가 뭔 소리 하나, 여름에는 방문을 열어놓지 않으면 옷과 문종이에 곰팡이가 생기고 냄새가 나서 안 된다니까. 다음에 또 오마."

몇 년 만에 시집살이하는 딸네 집에 오셔서 언제나 동문서답으로 몇 마디 훈계하시다 계절까지 탓하시며 휑하니 대문 밖으로 가시던 엄마.

여든을 사시면서 열두 칸 한옥 지키시다 셋째 딸네 집에서 하룻밤도 주무시지 않던 친정엄마의 교훈이 한 뼘 남짓하던 소나무가 낙락장송 되었어도 모성의 품을 그리워하는 딸의 눈엔 촉촉한 물안개가 피어오른다.

팔십 년 이상 세월을 차곡차곡 짊어지고 있는 우리집은 세월의 무게만큼이나 남루하다. '녹슬어 가는 쇳덩이를 자꾸 건드리면 수명이 길어지는 것처럼' 이 집도 편리하게 수리하면 깔끔하고 깨끗해 보이겠지!'

유행 따라 새롭고 좋은 것을 선호하는 자도 있지만, 반면 옛것이나 오래된 물건 특히 옛 가구나 한옥에 집착이 심한 우리 부부는 몇 개월 동안 집수리를 할까 말까 의논하며 만감이 교차했다.

"옛날 이 집을 짓기 위해 3년 전부터 목재를 직접 베 와서 지었어." "처음에는 다섯 손가락 안에 들 정도로 멋있고 견고하다는 소문이 자자 했단다." 생전에 계시던 아버님의 말씀이 벌써 10년이 지났건만, 아직도 기억이 생생하다.

세월의 쌓인 만큼 검게 그을리기는 했으나 기둥이나 석가래, 어느 한 곳도 벌어져 사이가 트는 곳 없는 한옥이다.

개축 문제로 형제자매 그리고 우리 아이들한테까지 의논했다. 헐어내고 새로 짓기를 권유하는 남매들이 있는 반면, 새 아파트로 옮기기를 원하는 자식도 있었다.

그러나 기나긴 세월 고락을 함께한 정든 집을 뒤로한다는 것은 용납이란 마음의 문이 우리 부부에게는 열리지 않았다. 집의 구석마다 추억이 담겨 있고, 어느 한 곳 손때가 끼얹지 않은 곳이 없는데…. 몇 개월 심사숙고한 끝에 대대적인 재정비를 하기로 확정 지었다.

5대째 묵묵히 가족들을 품어준 우리집은 솔향 가득 숨어 있는 검은 골기와 한옥이다. 하중을 지탱하는 튼튼한 기둥에 연결된 대들보와 고고한 평행귀서까래, 그리고 기역자로 연결된 긴 마루까지 지금은 허술해 보이지만, 수리하면 새집 이상으로 멋져 보일 거라는 생각도 들었다.

한옥은 계속 보존 유지가 힘들거나 불편할 때도 많다. 하지만, 눈을 뜨면 앞마당에서 철새와 곤충들이 진성 가성으로 울어대고 영롱한 햇살에 이슬로 마사지하는 정원수(주목, 소나무, 백일홍 등) 그리고 꽃, 풀잎들과 교감하는 것은 행복이요. 무언으로 공생한다는 것도 값진 보약보다 낫지 않을까?

 그뿐이랴 봄부터 돋아나는 쑥과 부추, 땅 두릅 달래 같은 건강식품이 사계절 입맛을 돋워 주고, 친환경 무화과 블루베리 키위와 감으로 자급자족하는데…. 이런 곳이 바로 튼튼한 가정, 행복한 생활과 안정된 보금자리로는 최고의 집과 터전이라는 애착심도 난다.

 지난 초여름부터 두어 달 대대적인 개축에 손을 댔다. 부식된 석가래 전부를 교체하고 방마다 군데군데 부서진 곳에 조각 땜질을 했다. 백 곳이 넘는 우물 정(井) 자 천장 사이 공간까지 공기가 왕래한다는 친환경 돌가루로 3~4번씩 미장을 했다. 남편은 잘 마른 소나무를 선택하여 장(옷장, 책장, 돌장)을 붙이게 하고 거실과 부엌 천장은 미생물 제거에 도움이 된다는 피톤치드가 많이 함유된 편백 노송으로 멋을 살렸다.

 한옥은 창호가 얼굴이다. 고집하는 우리 부부는 여덟 폭 덧문은 창호지로 발랐다. 대신 열네 폭 미닫이문의 맞닿는 부분은 외풍을 막기 위해 홈을 파고 외부는 유리, 내부는 창호지를 붙였더니 문살이 두꺼워져서 한결 더 고풍스러워 보인다. 수십 년 손때 물때 쌓인 검버섯처럼 까만 마룻바닥은 적송 색깔이 드러나도록 몇 차례 긁어내었더니 고풍의 멋이 더 살아났다.

 개축은 또 다른 훈시라는 생각이 든다. 옛날 집을 수리하며 여섯 칸의 방과 거실, 부엌과 창고로 연결되는 곳마다 못 박은

흔적이 하나도 없었다. 진흙과 짚의 반죽으로 메워진 보온 벽체를 보니 친환경을 선호한 조상님들의 지혜에 놀랍기도 했지만, 한옥의 자재와 관리 방법도 다시 알게 되었다. 집수리 덕분에 외면하던 물건들도 모두 정리했다. 내가 쓰던 물건을 다른 사람이 재활용한다면서 가져갈 때는 고마움이 컸다.

사십 년이 넘도록 이 집에 살면서 크게 집수리한 것만도 네 번째다. 동파로 수도관이 터지고 누수 때문에 바닥을 깨부수는 일은 연례행사처럼 비일비재했다. 폭설로 기왓장과 물받이, 용마루가 밀리고 파손되거나 매년 스무 짝이 넘는 문과 문풍지 바르는 일 또한 쉬운 일은 아니지만, 그래도 대대적인 수리보다 덜 힘이 들었다는 생각이 든다.

샅샅이 수리하는 동안 체력과 정신력이 고갈되는 것 같았으나 대문에 들어서면 집이 나를 반갑게 맞이해서 쌓인 피로가 빨리 회복되는 것 같다. 초가을 한적한 시간 O에 흠뻑 빠진 안주인은 따끈한 찻잔을 들고 마루에 앉아 가랑비를 맞는 정원수들과 낙숫물 떨어지는 소리에 푸근한 행복을 얻는다.

"전통 한옥의 계속 유지를 위해서는 무던한 노력이 필요하다."

친정엄마의 훈계로 총 수리한 우리집이 무궁하기를 바라며 아이들과 형제자매들의 만족해하는 모습을 보며 모든 과정을 꼼꼼히 신경을 써 주신 사장님께 더 감사하다. 앞으로 두 번 다시 집수리하는 일이 없기를…. 간곡한 바람이다.

아직 갚지 못한 빚

 7월, 풍경은 어디를 둘러봐도 싱그럽다. 검버섯과 이끼로 가득한 친정집, 골기와 지붕 한옥 마루에 걸터앉아 맥없이 바라보는 앞산은 시원한 모시 적삼을 걸쳤다. 병풍처럼 둘러싼 뒷산의 아름드리 소나무는 80년도 넘는 집지킴 같지만, 왠지 가슴속에는 알몸으로 추위를 버티는 앙상한 나뭇가지처럼 수척해 보였다.
 막내까지 회갑을 넘어선 삼남 사녀의 칠 남매 중 난 다섯째다. 폐교가 늘어나는 요즘 한 가정의 자녀가 어쩜 한 학년 학생 수가 될 수도 있고 전교생 숫자도 될 수도 있다. 산아제한의 후폭풍으로 인구감소의 이런 변화가 올 줄이야 감히 생각이나 했을까. 안방이 교실 같은 환경에서 자라던 우리 남매는 서로 도와주고 감싸주고 아껴주는 생활을 하며 자랐다.
 오빠 둘, 언니 둘, 동생 둘 중 가운데인 나와 우리 남매는 학창 시절에는 한 학교에 두세 명씩 다녔으니 등하교 때부터 3~4km 거리도 지루한 줄 모르고 걸어 다녔다. 집에 오면 숙제도 스승과 제자 노릇을 서로 하며 즐거운 학창 시절을 보낸 기억밖에 없다. 오히려 선후배의 예우나 교육의 대처 방법과 방향 등 남매들 사이에서 배우고 가르침이었으니 학원에는 가 본 적도 없었다.

형제자매가 둘러앉아 소꿉놀이하던 문화에서 상부상조와 양보의 미덕을 터득하고 고무줄놀이나 줄넘기 놀이에서 협동 정신을 배웠지만, 땅따먹기 놀이에서 경제 운영방침도 터득한 셈이라는 느낌도 든다.

춘천에서 교육대학에 다니던 큰오빠는 동생들에게 꼭 숙제를 주었다. 방학이면 내려와 일기장부터 검토하고 칭찬을 선생님처럼 해 주었다. 자식들에게 노래자랑을 시키던 아버지는 상품으로 돌 사탕을 걸어 놓으셔서 그 상품을 하나라도 더 받기 위해 악바리로 경쟁하던 때가 눈앞에 선하고 생각할수록 입꼬리가 춤을 춘다.

어느덧 바람처럼 지나간 세월.

요즘은 백발이 성성한 형제자매가 세파에 찌든 목소리로 통화를 시작하면 무슨 할 말이 그리도 많은지 시간 가는 줄 모르지만. 고인이 되신 친정 부모님 그늘에서 생활하는 느낌 같아서 재미도 쏠쏠하다.

30년 전 큰언니한테 나는 큰 빚을 졌다. 동해 있는 병원에서 맹장 수술 의료 사고로 9일 만에 서울 종합병원에서 대장 절제 수술을 받게 되었다. 그때 공무원이셨던 형부와 고3 수험생 막내딸을 둔 언니는 식구를 뒤로하고 동생 간병을 위해 한 치 거리낌 없이 앞장서 따라오던 고마운 언니다.

  병원에서 피고름 질퍼덕한 거즈를 하루에도 몇 차례 바꿔 주면서 그 와중에도 동생을 위해 달콤한 말로 위로하며 돌아서 눈물 훔치던 언니.

  "환자일수록 몸을 깨끗이 하고, 있어야 한다."라고 하면서 소대변과 모든 분비물을 처리해 주고 인상 한 번 찡그리지 않던 사랑 극진한 언니한테서 그 정성 가득한 사랑을 받을 때는 완치되면 입속에 들어가는 음식도 빼 줄 것 같은 마음이었는데….

  세월은 유수 같다. 어느덧 훌쩍 여든이 넘은 큰언니는 형부와 사별한 지 10년이 넘었다.

  "형만 한 아우 없다."라는 속담이 자꾸 떠오른다. 그동안 언니한테 난 뭘 하며 살았는지…. 당시 형부의 지병으로 애를 태우던 언니의 모습을 보면서 따뜻한 위로의 말도 해줄 줄 몰랐다.

  그때 언니 나이가 지금 내 나이보다 어린 무렵이었는데 형부와 사별 후 큰 집에 덩그러니 혼자 생활이란 얼마나 두렵고 외로웠을까.

  이십 년 이상 당뇨와 혈압약을 먹는 큰언니다. 지난해부터 언니의 말수가 평소보다 적어지며 근간에 일어난 사소한 일들은 기억조차 못 할 때도 있다.

난 결혼해서 치매 어른을 세 분 모신 경험이 있다. 그 덕분에 알츠하이머와 혈관성 치매의 종류도 알지만, 환자의 행동과 질병의 진행 과정도 어느 정도는 알고 있다.

언니의 집착과 평소에 하지 않던 행동 변화가 점점 심해져서 신경정신과 병원에서 치매 검사를 받았다. 이게 웬일이란 말인가 치매 초기 환자라는 병명이 나왔다.

"치료 약은 없지만, 진행을 늦추게 하는 약은 있습니다."

진료 결과의 답변이다. 당뇨와 혈압약을 오래도록 먹었기에 늘 걱정은 했었다.

의사 선생님의 말씀을 듣는 순간 억장이 무너지는 듯했지만, 사실대로 본인한테 전하고 싶지 않았다. 태연한 척 약 봉투를 받아 든 손이 나도 모르게 바람에 흔들리는 들꽃처럼 떨렸다. 입속까지 바싹 마른 갈잎처럼 타들어 갔다, 우리 남매는 물론 조카삼 남매한테도 당분간 전하고 싶지 않다. 태연한 척 아무 일도 없는 듯 서로 관심을 주고받지만, 이미 소풍 같은 인생을 마무리 지은 오라버니도 계신다, 오늘따라 가슴에 고여 있던 눈물이 금세 치솟아 폭포같이 쏟아지는데 어찌하랴. 아직 갚지 못한 마음의 빚은 태산 같은데…. 손톱만큼도 없는 삭정이 같은 인정머리 동생의 뻔뻔함은 언제쯤 끝날까.

다가오는 가을부터라도 입속에 야금야금 씹어 삼키는 음식을 넘기더라도 사랑과 정을 아끼지 않으리라, 후회한들 어찌하리…. 더 늦기 전에 따뜻한 마음부터 베풀며 생활하리라.

다육이와 사랑 나누기

동해시 농업기술 센터에서 운영하는 농업대학에 입문했다. 매주 수요일 십 개월 과정이며 첫 주 교과목은 원예학 개론과 동서양 난 기르기이었다. 주로 도시농업에 관한 교과목이었는데, 원예작물의 생물학적 기능과 작용이었다.

머리카락이 희끗희끗한 수강생 중에는 공직 생활하시다 정년퇴직한 남자분들도 있었지만, 집에서 살림만 도맡아 하던 여성분들도 있었다. 대부분 예순을 훌쩍 넘은 분들이었는데, 외모로 풍기는 모습은 전혀 실버세대 같은 느낌이 들지 않고 학구열도 적극적이었다.

점심시간 후 바로 시작되는 수업, 식곤증으로 눈까풀이 내려앉거나 고개가 끄덕일 텐데…. 학업에 집중하는 자세나 열정도 모범생 못지않다. 특히 교과목 중에 다변화된 선인장과 다육식물

재배 방법이나 가꾸기가 있었지만, 식물을 담아 놓을 화분을 수강생이 직접 만드는 과정도 있었다.

센터에서 무료 제공하는 도자기 재료는 반죽이 되어 있는 흙과 무지갯빛 색상의 물감, 그리고 자르고 파내는 도구였다. 대사 활동이 줄어드는 연령의 수강생들은 재료를 받는 순간부터 싱글벙글 행복한 모습이다. 각자 자기 취향에 맞는 화분을 만들며 겉으로 드러내는 모양은 모두 달랐다. 대부분 여성은 미를 선호했지만, 남성들은 투박하고 견고하게 창작했다. 각각 다른 특성으로 빚고, 말리고, 구워서 완성된 도자기 화분을 보는 것도 행복이었다.

여태껏 나는 다육식물이 어떤 작물인지도 몰랐을뿐더러 관심도 없었다. 그러나 몇 시간 수업을 받아보니 흥미가 생겼다. 작은 용기에 앉혀 있는 앙증맞은 다육식물들은 살집이 통통하고 키가 아주 작아도 꽃을 피우는 매력을 갖춘 것도 있었다. 흔들리면서 피지 않는 꽃이 없듯이 특히 다육식물은 길거리에서 짓밟히는 활엽수의 낙엽처럼 메마른 감성인 나를 관심권 안으로 끌어들였다. 오밀조밀하게 번식하는 모습만 봐도 그동안 눈길까지 당겨서 가까이 가게 했다.

잎이 변해서 가시가 되는 것이 선인장이고 가시가 없고 줄기나 잎, 뿌리에 저수 조직이 발달해서 육질이 두꺼운 것은 다육식물이란 것도 처음 알았다. 그리고 선인장은 대부분 건조하거나 시원한 곳에서 잘 자라지만, 다육식물은 건조하고 더운 환경을 좋아하며 선인장보다 번식률이 높으나 수명은 더 짧다는 것을 배우다 보니 어느덧 그네들한테 부쩍 호기심이 생겼다.

교육 11주 차 고양시에서 다육식물과 선인장 품종을 개발 연구하는 현장학습을 다녀왔다. 유리 하우스 안에서 자라는 몇백 종류의 다채로운 선인장과 다육식물을 보는 것도 놀람인데, 사람의 기술로 접목해서 이상야릇한 모습과 새로운 품종으로 탄생하는 식물들을 보며 '자연이 못 채우는 걸 인간이 돕는 것도 무궁무진하구나.' 생각도 들었다.

온실 안에서 수많은 종류의 선인장과 다육식물은 각자 다른 이름표를 달고 있었다. 그중 둘을 접목한 선인장 비모란은 원래의 모습과 전혀 다른 모양이었다. 배양과 증식으로 식물의 새로운 모양이 탄생하는 것을 보면서 과학의 발달로 자연법칙도 일정한 존재의 법칙과 전혀 다를 것 같아서 많은 생각이 났다.

여태껏 선인장은 열대지방에서 수입한 식물인 줄 알았다. 그런데 놀랍게도 우리나라가 '세계 1위 접목 선인장 비모란 다육식물 수출국이라니….'

원래는 일본에서 개발한 접목 선인장 비모란은 돌연변이 식물이었단다. 그러나 우리 연구진들의 개발로 월등한 특용식물이 생산되어 전량을 수출해도 수효가 모자라 제때 공급을 못 하는 실정이라는 지도 선생님의 말을 듣는 순간 우리 국민의 재주와 끼는 어느 분야에서도 자랑이고 손색이 없다는 것을 새삼 느꼈다.

돌연변이나 기형이 심할수록 부가가치도 높다는 접목 선인장 비모란. 아프리카나 아메리카, 인도에 많이 분포되었다는데, 처음 관찰하는 나로서는 너무나 이상야릇해서 상상 속의 이름이 절로 나왔다.

다육식물의 종류는 일만 종류 이상이고 선인장은 이천오백 종류 정도나 된다는데, 나는 두 가지 합해서 겨우 열 손가락 안에 들 정도 이름을 알고 있으니 그동안 무관심이 부끄럽기도 하다.

선인장은 봄과 가을이 생장기이고 여름과 겨울이 숙면 기간이란다. 다육식물은 여름에는 휴면기며 광합성 작용은 둘 다 밤에 한다는 전문가의 교육 열의에 감사한 마음이 절로 든다. 내가 보기에는 선인장도 아니고 난초 종류도 아닌 관상용 화훼를 모두 다육식물로 일컫는 것 같이 보였다.

현장학습 근처에서 열 종류의 다육식물을 샀다. 도자기 화분에 배양토와 물 빠짐이 좋은 굵은 모래로 분갈이해서 볕이 잘 드는 마루 한편에 배열해 두었다. 남편과 단둘이 생활하는 한옥이라 때로는 휑하다는 느낌이 들었고 적적함도 있었는데…. 그네들에게 관심을 두고 무언으로 오가는 교감도 재미가 쏠쏠하다. 함께하는 공간에서 얻어지는 생활은 소풍 같은 인생길에 좋은 벗을 얻은 기분이다. 배움의 길을 찾아다닌 덕분에 집 안이 따뜻하고 활발한 기운이 돈다.

일주일에 한 번씩 받는 수업 시간이었지만, 수강생들은 간간이 준비해 온 간식을 나누어 먹고 허심탄회 오가는 대화 속에서 낯설거나 어색함도 덜해져서 새로운 삶의 현장을 터득한 기분이 들었다.

  나이를 탓하지 않고 학습장을 찾아다니는 사회 분위기다. 교육 자료 수집과 실습 과정에서 수강생들과 교감하는 것도 알토란같은 보약이라고 생각한다. 상상을 초월하는 시대변화에 고령사회에 접한 장본인이 되어 보니 알맞은 현장학습은 매우 중요하다는 생각이 든다.

  프로그램을 조성해 준 기술센터장님과 시청 관계자님께도 늘 감사한 마음이다. 쓸쓸하고 고독한 노인보다 잘 숙성되는 실버가 뒤늦게 선인장과 다육이와 사랑 나누기를 하는 것은 또 다른 보람이고 멋짐이 아닐까?

베트남 하노이 하롱베이 여행길

얼마 만인가. 둘만의 여행길이. 일흔이 넘은 남편, 아직 사업을 한다는 이유로 기회는 있어도 어영부영할지언정 훌쩍 어디로 떠나기란 쉽지 않다. 그런데 마침 사업장 기계의 큰 고장으로 총괄 검토하는 겸 급기야 3박 5일 패키지여행을 나섰다. 리무진 버스로 인천공항에 도착하자, 왠지 어색하고 서먹서먹했으나 대한항공 기내에서 영화 한두 편을 보고 나니 자정을 넘어 하노이 노이바이 국제공항이란다.

12월 초 열대지역이라서 엄청 더운 줄 알았는데, 북부지역이라 그런지 생각보다 덥지 않다. 공항에서 현지 가이드를 만나 동행할 관광객들과 미팅하고 각자 숙소에서 첫날밤을 보냈다.

환경이 다른 이국땅. 호텔에서 조식 후 관광버스에 오르자 쌓인 피로가 확 풀렸다. 세 시간 소요 베트남 북부에 위치한 옌쯔

국립공원을 향했다. 대한민국의 초겨울인 요즘에는 낙엽이 땅바닥에서 춤을 추며 활보하는 광경에 비해 이곳은 여름 향기와 싱그러움이 가득한 환경이다. 정리되지 않은 산야에는 열대식물의 풍성함은 있었지만, 사계절이 뚜렷한 우리나라의 농작물이 아니라 조금은 낯설고 농부들은 한쪽에서 수확하고 또 다른 장소에서는 같은 작물을 파종하는 모습이 오히려 어수선해 보였다.

 시내를 벗어난 도로 사정은 경계 막이나 경계선이 거의 없었다. 그런 환경에서 백미러도 없는 자전거나 소형 오토바이가 뒤엉켜 역주행으로 경주라도 하는 것처럼 쌩쌩 달렸다. 궁둥이도 겨우 붙일 작은 오토바이에 두세 명씩 올라탄 행인들의 무질서한 질주는 오금이 저릴 정도로 불안해 보였다.

 국립공원에 도착하자 뭉게구름은 관광객들에게 반갑게 인사라도 하는 것처럼, 모든 포즈와 자태를 발휘했다. 조상 숭배 사상이 높고 국민의 70% 이상 불교도라니…. 옌뜨사원을 지나자 수많은 스님은 경건하고 숭고한 모습처럼 보였지만, 어딘가 모르게 말없이 조용히 생각에 잠긴 듯 정숙한 모습이다. 정상까지 이동 수단인 케이블카에 올랐다. 산악지형의 우거진 숲과 아름다운 풍경, 깨끗한 공기는 들숨, 날숨을 독촉하고 그동안 속내 묵은 찌꺼기를 정화라도 해 주는 듯해서 자연의 배려에 감사함도 느껴졌다. 도착한 장소 정상에서 본 현지 상인은 쉼 없는 미소와 순박함이 넘쳤고 사회주의 문화 탓인가 애써 매매하려는 모습은 아니었어도 원하지 않는 상품마다 지갑을 열게 했다.

저녁노을이 질 무렵 유네스코에 일천구백 개나 기록됐다는 자연유산 하롱베이의 섬을 향해 유람선에 올랐다. 곡예 운전을 하는 선장은 자유롭게 행동하는 여행객들께 한 점 추억을 만들어 주려고 애쓰는 것 같았지만, 가슴속 깊이 행복의 수치를 쌓기 위해 동분서주하는 관광객들 모습은 소름 돋도록 불안과 초조함을 느꼈다.

총 삼천사백육십팔 개나 된다는 하롱베이 집합 섬 단지, 여기는 바다가 울타리인지 섬이 방풍 망인지 구별도 안 될 정도다. 천하절경 환상적인 비경은 거대하고 웅장한 관현악의 조합으로 연주하는 것 같은 느낌이고 변덕이 잦은 짓궂은 날씨에도 집중하게 되는 환경이었다. 베트남 이십만 동 지폐에 바위 사진이 있는가 하면 바위의 특색에 걸맞은 명칭으로, 설명하는 가이드의 입담 또한 걸작이었다.

석회암으로 빚어진 섬들이라 그런지 바위에 붙은 해초류가 보이지 않았다. 갈매기나 파도도 없을뿐더러 해녀도 없고 해안에서 맛볼 수 있는 상큼한 향도 풍기지 않았다. 물이 없어 무인도로 방치할 수밖에 없다는 수많은 섬 중 한 곳은 여행객들의 볼거리를 위해 원숭이들을 방목해 두었다.

인간의 사차원적인 개발이나 발명 발견도 신기하지만, 새로운 자연환경에 접해보니 창조자의 위력에 감탄사가 연발하지 않을 수 없다.

인도네시아 필리핀 일본 다음으로 섬이 많은 우리나라. 그동안 섬에 관심이 많아 국내 섬 지역에 다녀왔다. 그중 경상남도 남해의 섬들은 개성이 두드러지게 나타난 특성이 있다면 하롱베이의 집합된 섬들은 초지로 덮여서일까? 뚜렷한 의미를 구상하기란 어렵다는 느낌이 들었다.

테마파크 투어 중 2016년에 문을 열었다는 케이블카 놀이기구, 세계에서 가장 커서 기네스북에 올랐다는 베트남 최대 놀이기구라기에 피로도 마다하고 관람하기 위해 갔다. 할롱의 절경이 한눈에 보일 정도로 길고 높고 웅장했으나 정교하거나 아름답고 섬세한 케이블카로 느껴지지 않았다.

그 후 밀랍 인형 전시관에서 물놀이 인형극도 봤으나 우리나라의 정교하고 세련된 예술과 건축문화에 비해 투박하거나 척박한 차이점을 느끼게 했다. 수도 하노이에는 골목길에서 오토바이 질주의 볼거리도 있었다.

일생에서 처음 보는 수많은 오토바이 릴레이 전 같은 난폭 운전은 전동 자동차로 이동하는 관광객의 틈바구니로 굉음과 비명의 악순환은 현란하고 관광객에게는 환각이나 환청이 들리기까지 하나, 주민들은 아무렇지 않게 그 상황을 구경했다. 어쩜 서커스 곡예 운전인데도 부딪히거나 넘어지지 않는 것이 이상해 보일 정도였다. 우리나라 부산 자갈치 국제시장 같은 구조의 골목에서 오토바이가 고삐 풀린 망아지처럼 천방지축 하는 광경이었으니 처음 보는 우리는 놀라지 않을 수 없었다.

교통문화의 새로운 창출로 관광인프라가 높아질 것이 틀림없어 보이긴 했으나, 여태 보고 생각해 왔던 베트남의 순수한 국민성과는 전혀 다른 오토바이의 난폭한 운전이었다.

    베트남도 우리나라와 같이 지배권 싸움으로 수많은 전쟁을 치르지 않았던가, 자갈밭에 한창 새싹이 돋아나는 경제 발전이라고 표현하고 싶다. 70년대 베트남 전쟁이 발발할 때 한국군 파병으로 우리의 경제 발전에 도움은 되었다고 하지만, 애매한 희생자는 얼마나 많았는가! 지금도 후유증으로 고생하는 참전 용사도 많다고 본다. 전쟁이 발발할 때 우리 큰오라버니는 십자성 부대, 작은 오라버니는 맹호부대 참전 용사로 참여했었다. 그 당시 부모님께서 불안, 초조하며 생활하시던 모습이 요즘도 눈에 선하여 이번 관광의 관심이 더 높아졌다.

    긴 전쟁 때문에 발전이 늦어진 베트남, 일억 가까운 인구라니, 얼마나 큰 자산인가 실업자를 줄이기 위해 기계화가 아닌 육체노동을 고집하는 정부는 외국 기업들을 유치하려고 안간힘을 쏟는다는 열정을 봐서는 급성장은 먼 훗날 이야기가 아닌 것 같았다. 요즘 국민소득이 2천6백 달러 정도이고 예술과 문화, 교통시설과 경제성장은 우리나라의 70년대 옛 모습처럼 보였다.

    동남아 관광을 몇 차례 다녀오긴 했으나, 모처럼 칠십 대 노부부가 함께한 이번 여행은 어느 국가보다 느끼는 바가 크지만, 대한민국 국민이기에 큰 행복감을 느낀다.

노모의 실황

장마가 주중에 끝난다고 한다. 봄내 가꾸던 강낭콩이 장마로 곤욕을 겪었나 보다. 싱싱했던 잎사귀가 떨어지고 앙상한 가지에 무리하게 달린 꼬투리가 콩대의 중심을 잡지 못하고 있다. 휘청대며 시커멓게 썩어가는 모습을 보니 너무나도 아깝다. 잠시 소강상태로 물러난 비를 원망하며 발걸음을 돌려 밭으로 가 보았다. 콩 꼬투리가 물 반죽 된 땅에 드러누워 애타게 사람의 손을 기다리고 있었다. 손발을 동동대며 일할 사람을 찾아봤지만, 막상 도와줄 사람이 없다.

여자들은 만만한 것이 친정이라더니 예순이 훨씬 넘어도 버릇은 없어지지 않는다. 가까이 살고 있는 여든 넘은 큰언니를 새벽부터 도와달라고 요청했다. 당뇨로 고생하지만, 내가 부르면 하던 일도 내팽개치고 곧장 달려온다.

많은 꼬투리를 달고 있는 포기들이 무겁나 보다. 만삭이 된 새댁처럼 견디다 못해 아예 바닥에 넙죽 드러누워 알맹이가 번식하지 못할 정도로 꺼멓게 썩어 버렸다. 땅 깊숙이 뻗은 뿌리를 뽑자니 얼굴과 온몸에 빗줄기 같은 땀방울이 줄줄 쏟아져 짭짤한 염수로 목욕하는 기분이다.

헉헉대며 아름드리로 안고 날라서 차에 가득 실었다. 우리 차는 스무 살이 훨씬 넘은 고령의 무쏘다. 숱한 사람들이 차를 바꾸라고 하지만, 뭐라고 대답하지 못한다. 우리 부부는 차를 자가용으로 때로는 달구지 수단으로 타고 다니기도 하지만, 농기구를 운반할 때는 화물차로 다양하게 이용하기 때문에 쉽게 교체하지 못한다. 그리고 남들은 외관상 낡았다고 쉽게 말하지만, 가보(家寶)로 생각하는 우리는 정이 담뿍 들어 매년 거금의 수리비가 들어가도 쉽게 폐차를 시키고 싶지도 않다.

뽑아 온 강낭콩을 대문 앞에 쏟아 놓고 잠시 집으로 들어갔다. 밖에 나오니 모르는 노인 한 분이 강낭콩 꼬투리를 열심히 따고 계셨다.

"할머니 누구세요? 어디서 오셨어요?"

묻는 내 질문에 대답은 아랑곳하지 않고 입술을 큰 자물쇠로 꽉 채운 채 열심히 일에만 몰두하고 계셨다. 각자 무언으로 일을 하면서도 할머니에 대한 궁금증이 사라지지 않는다. 그러던 차 허리가 땅바닥에 닿을 듯 꼬부라진 할머니 한 분이 또 오시더니 땅이 꺼져라, 한숨을 내리쉬며 우리 일터에 앉아 아무 말 없이 일을 돕기 시작했다. 피골이 상접한 모습. 골 깊은 주름 사이로 흘러내리는 굵은 땀 줄기를 보니 시원한 냉수로라도 빨리 보충해야 지탱할 것 같았다. 마침 냉장고에 있던 수박과 간식으로 할머니의 허기를 해소했다. 고맙다고 하시며 꼬투리를 까고 있는 초라한 모습, 수박 몇 쪽 드신 것을 보상의 대가처럼 있는 힘을 다해서 까고 계신다. 애처롭게 비치는 모습이 차라리 갈 길을 가셨으면….

할머니의 봉한 입가에 하얗게 피어난 마른침 자리는 고달프게 걸어온 증표로 보였다. 절대 열지 못할 것 같이 굳게 닫은 입에서 콘크리트 바닥에 구멍이라도 낼 것 같은 거친 숨소리가 왠지 나를 더 슬프게 했다.

86세와 80세 두 노인의 사정은 너무나 비슷한 환경이었다. 늙었다는 이유로 맏자식한테서 쫓겨 나와 둘째 셋째 아들네한테 가니 어머니 때문에 싸움이 그치지 않는다는 자식의 말을 듣는 노모의 마음은 어떨까. 두 노인은 그 짓도 볼 수가 없어 달린 목숨 끊으려고 집을 나와 보니 새끼들에게 누를 끼칠까 발걸음 가는 대로 옮기는 중이라고 말씀하신다. 내가 어떻게 키운 놈들인데…. 두 입술은 바르르 분노에 차 있었고 눈시울에 촉촉이 젖어 내리는 이슬은 듣는 이들의 말문을 닫아 버렸다.

지게에 짊어지고 생매장하는 이야기와 한 점도 다를 바가 없는 기분이다. 나와 언니는 위로의 말로 화제를 풀어 줄 수가 없었다. 그저 혀를 차며 할머니만큼 마음이 아프지만, 훗날 우리에게 닥쳐올 일일 수도 있겠다고 생각하니 왠지 화도 났다.

  새싹으로 자라난 강낭콩, 포기마다 김매고 거름 주어 아기자기 보살폈는데…. 장마 피해로 고달픔을 이겨내지 못해 섞어지면 쉽게 버리는 빈 대궁 같은 감도 들었다. 한때 아들 낳아 희망 가득한 꿈도 컸을 테고 소중히 효도 받을 시기도 있을 거라는 기대도 하셨을 텐데…. 장마에 썩은 강낭콩 대 같은 대우를 받는다는 것은 누구의 책임이 될까? 양옆에 앉은 두 노인의 슬픔처럼 내 마음도 애절하다.

대보름 밥상

 내일이면 정월 대보름날이다. 누구도 찾아올 사람 없다는 걸 뻔히 알면서도 부지런히 보름맞이 준비를 한다. 지난여름에 말려 놓은 곤드레나물과 고사리, 뽕잎과 버섯 등 이것저것 삶아 놓고 보름 밥 찔 준비도 해 본다. 팥과 강낭콩, 녹두를 삶고, 밤 대추를 섞어 설탕에 살짝 재워 놓았다.
 며칠 전부터 며느리와 딸에게 오곡밥을 쪄 보내주겠다고 간청하다시피 해 봤지만…. 끝내 거절당했다. '아휴 건강 보조식품을 사 먹는 것도 좋지만, 어미의 정성도 먹어주면 좋으련만…' 구시렁구시렁할 뿐 식성이 다르니 강요도 못 하는 입장이다.
 새벽 네 시경 보름 밥을 쪘다. 예전처럼 콩나물과 무 챗국도 한 통 끓여 놓고 생미역도 살짝 데쳐 차게 식혀 놓았다. 얼마나 먹겠다고 갖가지 나물을 볶고 조개찜까지 만들어 진수성찬을 차렸단 말인가. 오늘따라 6인용 식탁이 좁다. 식탁 의자는 남편과 달랑 두 개만 필요하고 수저도 두 매만 놓았다. 밥그릇과 주걱을 들자, "조금만 줘." 남편의 요청이다.

"보양식이나 다름없으니 많이 좀 드셔."

"저 많은 밥을 언제 다 없애려고."

평소 같으면 아무렇지도 않았을 것을 시키지도 않는 밥의 양까지 들먹이는 언사가 평소보다 거칠다는 것을 알고 있지만, 왜 그러는지 나도 모르겠다.

아침 식사는 밥보다 다른 음식을 먹는 날이 더 많았는데…. 살짝 언성까지 높아지다니.

오늘따라 친정엄마 생각이 간절하다. 천당 가신 지 벌써 강산이 변했는데 그리워지는 강도는 이글거리는 용광로처럼 뜨겁다 '신사임당 같다.' 별명을 들으신 지고지순한 우리 엄마, 160센티가 넘으신 키에 평생 체중이 40kg을 넘어보지 못한 왜소한 체구였다. 그러나 삼남 사녀 자식 앞에서는 늘 기골이 장대한 남자 못지않은 강인한 모습을 보이시며 "여자의 언성은 담을 넘으면 안 되고 언제나 여자다워야 한다." 말씀을 반복하시는 분이셨다.

딸의 나이가 열 살 정도 지나면 보름 밥을 찌거나 고추장과 막장, 간장을 담을 때는 일은 시키지 않으시면서 반드시 관찰하는 지도를 하셨다. 그때 받은 교육으로 대가족에 시집온 셋째 딸은 신혼부터 장 종류는 물론 김장김치까지 거뜬히 담아냈다.

여자다운 게 어디까지란 말인가. 행동거지 하나하나 지적하실 때마다 '다른 엄마들은 안 그러는데…' 불만도 말했고 잔소리

같이 투정도 많았다. 그런데 나이 들면 들수록 '참도 대단하신 분이셨구나.' 시할머니를 비롯하여 시부모님과 삼십 년이 넘도록 화기애애한 대가족 생활을 유지하게 된 것은 엄마의 덕분이라는 생각도 든다.

 옛날에는 정월 대보름날에는 세시풍속도 매우 다양했다. 더위팔기와 쥐불놀이, 지신밟기나 귀밝이술도 먹고 마을 단위로 노래자랑이나 윷놀이 등 다양한 축제 행사도 했었다.

 특히 정월 대보름 밥은 쌀 두 말들이 큰 시루를 무쇠솥에 얹고 시룻번을 발라 장작불로 밥을 쪄서 이웃과 나누어 먹었다. 아직도 이유를 알 수 없는 것은 냉장고도 없던 시절 설에 했던 떡을 두었다가 꼭 보름 밥솥에 쪄서 어린아이까지 먹게 했다. 떡 색깔이 검거나 빨갛게 변해도 식구들에게 골고루 나누어 주었다

 엄마의 교육철학을 그대로 물려받은 버릇 때문인지 대보름날 큰 찜솥에 밥을 쪘다. 마음 같아서는 모두 퍼 돌리고 싶지만….

 대보름 밥 문화를 느낄 수 있는 아흔이 넘으신 큰 아버님과 여든이 넘으신 작은 어머니, 옆방 아주머니께 한 통씩 드렸더니 반 이상 달아났다. 부서진 햇살은 창문 깊숙이 파고든다. 행여나 밥맛을 살려줄 식구를 기다려 본들 올 사람은 없다.

 세월 따라 변하는 생활 문화가 편리함은 있지만, 오늘 같은 날 큰 두레상에 둘러앉아 볼 가득 웃음 뱉으며 비워 낸 밥그릇 소리를 듣고 싶다 어쩜 이 세대 마무리될 때쯤 보름 밥 추억도 사라지지 않을까.

5

경북 내륙의 풍경

南浦荷香水欲秋畫
舩歌曲響中流多情
採滿停橈戲綠子紅
房咲挿頭
石潭崔光植

간장 달이는 날

아무 생각 없이 4월 달력을 들여다보았다. 크게 동그라미를 친 9일 날이 벌써 지나갔다. 아니 저 날은 도대체 무슨 날인데 동그라미를 그려 놓고도 모르게 지나갔지? 의아한 생각이 떠올라 다시 날짜를 되짚어 보며 생각해도 무슨 기념일이나 행사 날이 떠오르지 않는다. 틀림없이 중요한 날이기 때문에 표시해 놓았을 텐데…. 기억이 살아나지 않는 내 모습이 답답함을 느끼며 며칠을 지나는 동안 동그라미 그려 놓은 달력에 대한 궁금증은 지워지지 않았다.

부엌에서 음식을 만들다 덜어 먹는 진간장이 떨어져 간장통을 들고 뒤란으로 갔다. 봄 황사 때문에 장독을 며칠 닦지 않았더니 독마다 얼룩무늬 옷을 입고 있다. 누가 이 꼴을 봤을지 얼굴이 달아오를 정도다. 봄철에는 황사나 미세먼지 때문에 다른 계절보다 장독 뚜껑을 자주 열어 놓지 못함으로 소홀한 점도 있다. 요즘에는 아파트 생활이라 장독대를 보기 드문 시절이다. 그러나 우리가 어린 시절에는 장독대의 모습이 그 집안 안주인의 모습이었다. 그래서 내가 어릴 때는 2~3일에 한 번씩 아니면 매일 설거지 끝나면 허드렛물로 꼭 장독을 닦아야 했다. 금방 씻은 장독들의 샤워가 끝나면 상품으로 내놓은 빨갛고 반들반들 윤이 나는 사과 색깔 같아서 한 번 더 볼 정도로 시선을 끌었다. 그런데 올봄에는 유난스럽게도 미세먼지와 황사가 심해서 장독을 열어둘 수가 없었다. 그리고 식구가 적다 보니 예전처럼 덜어 놓고 먹는 장과 간장이 빨리 없어지지 않아 뒤란에 갈 기회도 줄어든다.

이게 웬일이란 말인가! 달력에 친 동그라미가 이제야 생각이 떠오른다. 바로 간장 달이는 날이다. 말날에 장이나 간장을 담고 닭날에 간장을 달이면 간장 맛이 달콤하고 좋다는 전통 풍속의 유래를 들었기에 한 달 전담은 간장을 달이려고 동그랗게 표시를 할 때 자세히 메모하지 않은 것이 나의 실수였다.

당장 간장 달일 준비를 했다. 경상도 지역은 간장을 달이지 않고 메주만 꺼내고 간장으로 먹고 꺼낸 메주는 된장을 담아 먹는다는 말을 들었다. 그러나 강원도 우리 지방에서는 정월달에 잘 뜬 메주 두 장(메주 두 장은 콩 한 말의 양)에 물 한 말 소금은 계란이 오백 원짜리 동전 크기의 부위가 보일 정도 녹여 넣고 숯

서너 쪽과 붉은 건 고추 열 개 정도 항아리에 넣는다. 그 후 한 달 이상 우러나게 두었다가 메주가 간직했던 영양과 누룩곰팡이 균을 뿜어내면 맑은 물 색깔이 옅은 간장색으로 변하게 된다. 그러면 메주를 꺼내고 간장 물을 몇 차례 고운 채로 밭친 뒤 솥에 넣고, 물의 양이 4분의 1 정도 줄어들 때까지 졸인다. 졸일 때 간장이 제대로 담가지면 달콤한 간장 향이 풍겨 나온다. 나는 간장을 가스 불에 달이지 않고 귀찮지만, 꼭 화덕에 장작불을 넣어 달인다. 그래야 간장의 변질도 적고 잘 달여지기도 하지만, 그때 나오는 숯불에 지난해 수확해 놓았던 감자나 고구마를 구워 먹으면 어린 시절 옛 추억을 살리는 재미도 쏠쏠해서이다.

예전에는 간장 달이는 날에는 샛바람 따라 풍기는 향을 맡고 이웃 아낙들이 벌처럼 모여 그 간장으로 밥을 말아 먹고 겨우내 간직한 삶의 진가를 나뉘며 즐거운 시간과 인심을 펴는 날이 되기도 하였다. 그런데 요즘에는 인심을 펴려고 해도 간장 향을 알지 못하는지 모여드는 아낙이 없어 아쉽기도 하다. 간장 달이는 날에는 간장만 달이는 것이 아니라 우리 지방에서는 대체로 막장도 담는다. 막장은 간장에서 나온 무거리 그것을 우리 지방에서는 막장이라고 한다. 예전에는 그것을 간장 무거리라 하여 모두 소여물 끓일 때 섞어서 소에게 줬는데, 요즘에는 농촌에 외양간이 거의 사라진 터라 말린 메줏가루와 보리쌀을 갈아 찐 것과 고추씨나 고추를 빻은 가루에 알맞게 소금을 넣어 담는 것이다.

우리 지방에서는 된장보다 막장으로 찌개도 끓여 먹고 쌈장도 만들고 여러 가지 음식에 다채롭게 사용한다. 그렇기 때문에 된장의 양도 많아야 하지만, 맛도 좋아야 일 년 내내 장으로 인심도 펴고 맛있는 음식을 만들 수도 있다.

너무나 다행인 것은 요즘에는 초보자라도 누구나 장이나 간장을 손수 담아 먹기 편리하다. 마트에서 메주와 재료를 쉽게 구입도 할 수 있지만, 방앗간에서는 모든 재료를 혼합하여 빻아 주기도 한다. 간장 담을 때 필요한 숯이나 건 고추까지 포장하여 상품으로 나온다. 주부들이 조금만 관심을 두면 조리법대로 하면 실수가 없다. 이 기회에 막장이나 고추장 담는 기술을 초보자들에게 전수하고 싶다.

막장 재료: 메주 7킬로, 보리쌀 2킬로, 빻은 고추씨 고춧가루 각 1킬로, 소금 4킬로

보리쌀은 방앗간에서 찐 것은 깨끗한 물과 위의 재료를 혼합하여 담거나, 갈아 온 것은 보리쌀 가루에 엿 가루를 섞어서 물을 위의 재료에 사용할 양만큼 넣고 두 시간 정도 두었다 푹 달여서 식힌 뒤 위의 재료와 혼합하여 항아리에 넣어 4~5개월간 숙성시키면 맛있는 막장이 된다.

고추장 재료: 메주 5킬로, 찹쌀 2킬로, 고운 고춧가루 10킬로, 소금 6킬로

막장과 마찬가지로 찹쌀은 갈아서 엿 가루에 삭혀 끓여서 모든 재료와 혼합하여 항아리에 담아 숙성시킨다. 내 경험에 의하면 고추장 재료에 곱게 빻은 마늘을 섞으면 마늘 향이 곁들인 마늘고추장이 되고, 달인 찹쌀 물 대신 숙성시킨 매실엑기스와 혼합시키면 매실장이 되어 비빔밥이나 초고추장으로 사용하면 맛있는 음식 맛을 낼 수 있다.
  막장이나 간장은 오랜 기간 숙성시키면 깊은 맛이 우러나지만, 고추장은 묵을수록 장 색깔이 검어지므로 일 년 정도만 묵히면 적당하다. 내 경험에 의하면 간장은 1월에 담았다가 3월에 달이고, 모든 장 담그는 시기는 일 년 중 늦어도 양력 3월까지는 끝내야 장맛이 제대로 난다. 고추장에 들어갈 고춧가루는 맏물이나 두 번째 말린 고추보다 서너 번째 따서 말린 고춧가루를 사용하면 고추장 색깔이 덜 검어진다.
  예전에는 주부라면 누구나 장이나 간장을 직접 담아서 먹었다. 그러나 맞벌이 주부나 사회적인 여건으로 장 담는 전통 문화가 사라질 정도로 직접 담는 것을 기피하게 된다. 바쁜 시간 때문이라는 것은 핑계라 할 정도로 연중 하루 이틀만 투자하면 잊혀가는 우리 전통 음식문화의 장 맥을 이어나갈 수 있는데…. 아쉬울 때가 많다.
  서른 번 이상 담아오던 장과 막장은 요즘에는 재료 비례는 눈짐작으로도 맛이 절로 난다. 내가 만든 장맛이 좋은지 모임이 있는 날에는 으레 내가 장을 가져가게 된다. 퍼주는 인심보다 장맛을 인정받았다는 점에서 장독의 장이 쑥쑥 드러나도 신이 난다. 그 재미로 항상 장과 간장은 많이 담는다. 특히 미역국 끓일 때는 아무리 맛있다는 간장을 사서 끓여도 진간장 맛에 길든 우리 가족 입맛에는 맞지 않는다. 한여름 농사지은 풋고추에 정성 들여 만든 막장과 고추장, 특히 매실장에 야채를 쿡쿡 찍어 먹으면 다른 반찬이 없어도 밥공기 비우기는 쉽다.

올해도 잘 달여진 간장에 미역국을 끓여 먹을 생각을 하니 뱃살만 늘어나는 것이 미리 걱정되지만, 깨끗이 정돈된 장독대에 키 순서대로 나란히 정리된 배불뚝이 장독을 보니 큰 부자가 된 느낌이 든다.

아름다운 추억을 빚어내는 곳

　철도문화는 추억을 생산하는 멋진 장소다. 7월의 짙은 녹음, 기차를 타고 세상 구경하고 싶은 모양이다. 숙연해진 자태로 기차가 오가는 것을 보면 엄마 따라 외출하려고 떼쓰는 아이처럼 흔들어 댄다. 칙칙폭폭 기차의 기적 소리도 이제는 추억으로 아롱거린다. 그 모습이 발달하므로 기적 소리도 변화하는 것 같다.
　교통수단을 해결하는 열차. 요즘은 철길 근처에도 놀지 못한다. 그러나 60~70년대에는 칙칙폭폭 기차 소리는 아이들에게 놀이 공간을 제공하는 희망적인 알림이 소리였다. 기차가 지나다니는 소리를 듣겠다고 방 안에 있다가도 밖으로 쫓아 나왔다. 겁도 없는 아이들은 선로 위에 엎드려 귀를 대기도 하고, 어떤 아이들은 심각한 표정으로 또는 장난스러운 말투로 달려오는 열차의 속도를 측정이라도 하는 것처럼 소란을 떨며 즐거움을 자아냈다.

철로 위를 오래 걷기도 하고, 가위바위보를 하며 침목을 한 걸음 두 걸음 걷는 놀이도 했다. 기찻길이 어쩜 유일한 놀이터였다. 건널목 부근의 간수 아저씨들은 오가는 기차 신호는 물론 아이들을 쫓는 것도 하루의 큰 일과였을 것이다.

한때 기찻길 옆에 사는 집들은 부러움의 대상이기도 했다. 겨울철 혹한을 대비하기 위해 농촌에서는 화목으로 장작을 준비하거나, 연탄을 사서 난방용으로 사용했다. 그러나 기찻길 주변에 살고 있는 사람들은 사정이 조금 달랐다. 화차가 지날 때 떨어뜨린 연탄 가루가 방을 데우는 데 크게 한몫을 하는 연료이기도 했다.

그것을 쓸어 모아 직접 19공 연탄을 찍어내어 난방용으로 겨우살이를 나기도 했지만, 부지런한 사람들은 찍어낸 연탄을 팔아 생활비로도 사용했었다. 어른들은 그것을 조금이라도 더 모으려고 철길을 놀이 공간으로 사용하는 아이들처럼 이른 새벽부터 빗자루와 쓰레받기를 들고 기찻길 주변은 물론 레일 밑까지 쓸어 탄가루를 모으는 생활을 했다.

요즘이야 연탄 가루를 날리는 기차를 보기만 해도 환경오염이라고 난리들 하지만, 예전에는 그것에 대한 불만은 없었다. 아니 어쩜 기찻길 주변 사람들은 더 날리고 가기만을 기다리기도 했을 것이다.

기차는 낯선 사람들과 인사를 나눌 수 있는 선구자 역할도 했다. 기찻길 주변을 지나는 나그네는 물론 들녘에서 일하는 농부까지 열차가 지나면 하던 일도 멈추고 그를 향해 손길을 흔들어 주었다. 그러면 기차를 타고 있던 사람들도 차창 밖을 향해 보이지 않을 때까지 손을 흔들어 주는 인사치레를 했다.

요즘은 학생들은 수학여행을 관광버스나 비행기를 이용하지만, 예전에는 기차를 많이 이용했다. 주로 봄, 가을 수학여행 시즌에는 수학여행 때문에 객차 칸수가 산허리를 휘감기도 했다. 길이가 너무 길어 아이와 어른 할 것 없이 하던 일을 멈추고 칸수를 세는 즐거움도 한때 추억거리였다. 그리고 기적소리는 시간을 알리는 시계 역할도 했다. 수학 여행하는 아이들 마음처럼 여행객을 싣고 가는 기차를 바라보는 사람들도 기분이 들떴나 보다 치대고 내리 대며 양팔로 인사를 나누는 아름다운 진풍경을 만들기도 했다.

기차를 이용해서 통학하는 학생들에게는 기차 안이 편안한 미팅 장소이기도 했다. 학원이 없던 시절, 학생들은 시간적 여유가 얼마나 많았을까. 한참 주위 환경이나 생활에 관심이 많은 10대 사춘기, 방과 후 시간을 보낼 만한 마땅한 문화가 없으므로 거리에서 헤집고 다닐 수밖에 없는 것이 당시 학생들의 처세였다. 요즘처럼 교통수단이 좋아 하교 후 집에서 옷을 갈아입고 다시 나올 수 있는 조건도 갖추지 못했다. 학교 규율 때문에 선생님이나 선배들은 방과 후에도 학생들을 감시했다. 그들의 눈을 피하며 규칙을 어긴 학생들은 아마 요즘은 한 가지 아름다운 추억거리일 것이다. 그 과정에는 교복을 바꿔 입거나 가발을 쓰는 일도 있었다. 기차 통학생들에게는 철도청사 일부나 열차 출입구가 미팅 장소로써 최고의 공간이기도 했다. 아니 통학하지 않는 학생들도 때로는 미팅을 위해 기차를 타는 쇼 같은 일을 일으키기도 했다.

통학생들을 위한 열차 통학권도 있었다. 장난기가 많은 학생들은 역무원을 속여 통학권을 서로 빌려주며 공짜로 기차 타는 재미를 느끼는 것도 한때 즐거움이었다. 기차에서 내릴 때 정차 후 내리면 되겠건만, 짓궂은 학생들은 위험을 두려워하지 않고 기차에 매달렸다 미리 뛰어내리는 재주놀이도 했다.

기차 안에는 반드시 간식을 제공하는 홍익회 아저씨들이 있었다. 그분들이 팔며 다니는 먹을거리도 기차가 남기고 간 추억의 한 장면이다. 양쪽으로 긴 좌석은 물론 빽빽이 들어찬 손님들의 틈을 타서 수레를 끌거나 가방을 메고 다니던 아저씨들, 특히 "삶은 계란 왔습니다." "따끈따끈한 커피 왔습니다." "조간신문 왔습니다." 하던 친근한 특유의 음률은 50년 전의 일이지만, 아직도 생생하게 추억 속에 살아남아 있다.

다섯 명의 친구와 모처럼 만난 자리가 기차역 부근 커피숍이었다. 마침 지나가는 기차 소리를 듣자, 모두 흥분됐다. 머리카락이 희끗희끗 반백을 훌쩍 넘은 노부인들, 우스갯소리로 기차 한 번 타 봤으면 말이 떨어지기 바쁘게 동해역에서 차표를 들고 열차에 올랐다. 즉흥적으로 행동에 옮긴 모습들이 옛날 짓궂은 겁 없는 소년의 자세 같았다. 이야기 도중 요즘은 홍익회가 없을 것이라는 결론으로 푸짐한 간식도 준비했다. 그중에는 삶은 계란과 사탕, 김밥도 있었다. 금방 나온 신문 대신 월간지도 준비했다. 모두 기차를 탔다는 것에 박장대소는 물론 귀한 보약 먹는 것보다 더 좋은 영양분 공급을 받는 느낌들이었다. 주위를 의식하지 않고 준비한 간식들을 서로 더 먹겠다고 야단법석도 떨었다.

추억을 살리고자 준비한 월간지는 의자에 앉는 순간 외면당했다. 간직했던 추억 속의 이야기꽃을 거리낌 없이 고성으로 뱉다 보니 우리의 목적지 태백역에 도착했다. 모두 얼마나 소란을 떨었으면 후진하며 오르던 스위치백 코스 통릿재 통과하는 것을 느끼지도 못했다.

철도 역사(驛舍)를 나오자, 6월의 짙은 녹음이 손님맞이 하는 주인댁처럼 살포시 미소 짓는 듯했다. 북적거리던 옛날의 역 주변은 한적한 시골 간이역으로 변해 있었다. 기차에서 내리는 손님 수보다 석탄을 실으려는 객차 칸수가 더 많은 것 같았다. 아니 역 주위에서 일하는 역무원 수가 더 많았다.

우리는 쓸쓸한 주위 환경에 놀라고, 석탄 소비가 한창 활발할 때 지역 경제 부흥하던 시절을 생각하니 다시 놀라게 했다. 조용한 주변 경관을 보자 기차 안에서 희희낙락거리던 자세도 숙연해졌다. 차랑차랑한 볕을 머리에 이고 역 주변을 배회했다. 조용해서일까, 주위 환경도 예전보다 훨씬 깨끗한 느낌이 들었다. 다시 내려오는 기차에 오르자 아까 보이지 않았던 사색에 빠지게 되었다. 대자연은 시원한 모시 이불로 덮어 놓은 느낌이 들었다.

　동해에 도착하니 여름 긴 해님은 흥분된 중년 부인들의 마음을 달래 주지 않았다 마침 우리 고장에 다니는 바다열차도 일행들을 기다리고 있는 듯 우두커니 서 있었다. 다시 바다열차 우등좌석에 올라탔다. 가격표는 태백 왕복 교통비보다 훨씬 더 비쌌다. 이게 웬일이란 말인가. 기차 안에서는 추억을 살릴 새로운 이벤트 행사도 해 주었다. 그중에는 간간이 지역을 소개하는 안내원의 코믹한 멘트를 비롯하여 신선한 장르로 흘러나오는 음악은 감동의 도가니 속으로 빠지게도 했다. 승객들에게 신청곡도 받았다. 우리들은 신경전을 벌이며 1970~80년대 유행하던 성인가요를 신청했다. 그런데 거리가 짧아 두 곡만 들을 수 있었다는 것은 아직도 아쉬움으로 남는다. 한 시간 채 안 되는 시간이 흐르자, 열차의 종착지 강릉역에 도착했다. 몇 시간 전 태백의 분위기보다 더 아름답지만, 추억을 만들 만한 재료는 부족한 듯했다. 깨끗이 정리된 벤치, 의자에 걸터앉아 길거리 음식을 먹는 것도 쏠쏠한 재미였다.

　우리와 함께한 해님도 딸기같이 고운 저녁노을을 탄생시키며 서산을 넘어섰다. 뚝심 강한 중년 부인들은 혹여 여행의 즐거움이 삭제되기라도 할까? 버스를 이용하면 더 빨리 집에 갈 수 있을 텐데….

 돌아오는 길, 동해가 낳는 하얀 파도와 저녁노을, 고기잡이배는 정성을 듬뿍 쏟아 아름답게 가꾸어 놓은 서정적인 정원 같았다. 즉흥적으로 타게 된 기차여행, 불과 동서남북으로 한두 시간 거리지만. 삶의 묵은 때를 깨끗이 정화한 느낌이 들었다.

 친구들과 상상도 못 할 정도로 큰 선물을 받은 기분이다.

봉사하며 깨달은 일손 돕기

　홍천으로 농촌 일손 돕기를 갔다. 강원도 18개 시군 조합농협 주부대학 회장들이 봄, 가을 두 차례 도내 농가에 봉사하는 연례행사. 농협에서 운영하는 여러 단체가 있지만, 그중에 고주모(고향을 생각하는 주부들의 모임) 즉 농협 주부대학 수료생으로 구성된 단체와 농가 주부 모임 단체가 있다. 주부대학 회원은 대체로 농사를 짓지 않는 도시형 소비 단체이고 농가 주부 모임 회원은 모두 농사를 짓는 농산물 생산 단체이다. 그래서 생산자와 소비자의 교류 관계가 두텁고 농도불이(농촌이 살아야 도시가 산다) 신토불이(우리 몸에는 우리 농산물이 좋다)란 신조어를 유행으로 소비자와 생산자가 상생하는 협력 단체라고 할 수 있다.

　전국적으로 구성된 고주모 단체는 농산물의 과잉 생산으로 인해 소비의 어려움을 겪을 때 판매 중재자 역할도 하고 농촌의 일손이 부족할 때 지역에 맞게 적극 봉사도 한다. 그리고 우리 농산물 지킴이와 애용, 체험으로 인하여 농민의 어려운 실정을 이해하고 그들의 생활상을 보면서 느끼는 바도 크다.

동해농협 주부대학은 매년 농촌 일손 돕기는 물론 지역 농산물 소비에 적극 앞장서는 일을 한다. 음력설 때는 우리 쌀 팔십 kg 오십 가마니 이상을 떡국떡과 가래떡을 만들어 소비하는가 하면 김장철에는 일천 포기 이상 배추로 김장을 하여 불우한 이웃을 돕기도 한다. 그것뿐이랴, 봄철에는 햇김치와 된장을 만들어 저소득 계층에 나누어 주기도 하지만, 막장과 고추장을 만드는 체험으로 우리의 전통 음식을 양성화시키고 소외된 어르신들에게 돌봄이 역할과 경로잔치, 다문화 가정에 우리 문화나 음식, 가례 등 회원들의 솔선수범으로 지역사회 봉사의 중추적 역할을 한다.

새벽 여섯 시 전에 일터로 나갔다. 고추 모종을 구천팔백 포기 심었다는 농가, 마침 홍천 농가 주부 모임 회원 댁이란다. 홍천강 주변의 수려한 물줄기와 농작물은 봉사자를 보자 잘폭하게 앉은 이슬을 털며 기상하는데, 작업복을 입은 주인댁은 거침없는 손길로 농자재 운반에 바쁘다.

축사에서 냄새도 가시지 않은 소똥 거름이 질퍽한 밭에 한 뼘 정도 자란 고추와 빈 이랑을 푹 덮은 잡초는 무성하다. 그래도 각 지역에서 모인 회장들인데, 거름더미들 아랑곳하랴, 경작자의 작업 지시가 끝나자 일제히 밭골에 들어갔다. 고추에 줄 치고 풀 뽑고 묶는 일이었다. 얼마나 열심히 했으면 사천 포기 고추밭에 예상보다 빨리 끝났다. 다음 고추밭으로 옮기려니 고추 크기가 작아서 아직 그 일을 할 수 없단다. 주인님은 무엇인가 아쉬웠나 보다 서둘러 옥수수밭 비료 주는 일로 인솔했다.

풋내기 회장들은 경쟁이라도 하듯 비료 포대를 옆구리에 차고 땀으로 범벅이 되도록 일을 하니 바라보는 해님도 나른해 질 무렵 새참 시간이란다. 벌판 같은 밭 주변 강바람은 지친 농군의 볼을 비비고 달콤한 수박 맛 또한 별미지만, 하얀 요소비료 영양분을 담뿍 받고 좋아하는 옥수수도 행복이 넘쳐 보였다.

녹음방초로 우거진 홍천강 계곡의 우거진 숲은 청정함 그 자체였다. 싱그러움 속에서 산짐승 들짐승 떼가 우글대며 휴양을 즐기는 것 같다. 그네들의 유희에 실바람이 일어 햇내기 농민의 벌건 이마에 보름달이 뜬 얼굴같이 화사하다.

홍천의 행정구역은 한 개 읍과 아홉 개의 면이 있다. 그런데 대한민국에서 가장 면적이 넓은 기초자치단체라는 것을 처음 알았다. 이곳 주민의 말에 의하면 제주도의 땅 넓이보다 한 평이 작은 군 소재지.

높고 긴 계곡과 유유히 흐르는 홍천강, 대기나 수질, 소음처럼 공해를 발생하는 근원을 찾기가 어렵고 주위마다 피톤치드의 발상지 같은 청정함 그 자체였다.

홍천이나 철원, 영월에 일손 돕기를 가 보면 내가 짓는 일천여 평 농사는 부끄러울 만큼 작은 평수다. 철원평야 지역에서는 논농사만 일만 평 정도는 아낙네 혼자도 짓고 오백여 평이 넘는 하우스 한 동에 이름도 모르는 특용 작물이 자라는 것을 보면서 '나는 우물 안의 개구리 같은 농민이구나.' 깨닫게 되었다.

글로벌 IT, 첨단시대가 되다 보니 일일생활권이 세계 속으로 뻗었다. 밤사이에 각국 농산물이 우리 시장에 물밀듯 수입되니 원활한 수요와 공급 이탈로 농민의 생활이 점점 곤란을 입을 때가 많다. 농사는 하늘과 농민의 공동 사업체라는 생각을 한다. 물과 햇볕 온도는 하늘이 조절하고 노동과 시기, 사랑 관심은 농민의 몫인 것 같아서 적절한 상호작용이 유지되기를 늘 기도하는 마음이다.

자연에 시달린 농민의 겉모습은 검고 초라해 보이지만, 내면의 쌓인 속정은 수려한 물결 같지 않겠는가. 우리 땅을 지키겠다고 밤낮없이 동분서주하는 농군, 정직한 생활로 발버둥 치지만, 언제쯤 초라한 땟물을 벗어날 수 있을까 많은 생각과 깨달음을 느끼게 된다.

동계올림픽 유치 과정을 보며

　세월이 지나니 남의 일 같다. 2018년 차기 동계올림픽 유치 장소가 결정되던 날. IOC 회원 206개국 중 최종적 유치 대상 경쟁국은 대한민국과 독일, 프랑스 세 개국이었는데, 그중 과반수 득표로 대한민국 강원도 평창으로 결정되었다니…. 강원 도민으로 이보다 더 경사스러움이 어디 있을까. 그날을 위해 3전 2패라는 쓰라린 고배를 마시면서도 포기하지 않고 신화 같은 업적을 남긴 실무자들에게 높은 박수를 보내고 싶다.

　몇십 년 전 하계 올림픽을 우리나라 수도 서울에서 성공적으로 치를 때도 그저 중계방송을 보며 희로애락의 기복만으로 만끽했었다. 그런데 우리 집에서 승용차로 30~40분 거리에 있는 강릉시와 평창군이 개최 지역이라, 동계올림픽 준비 과정을 직간접으로 보고 듣게 되었다.

도로와 간판이 새롭게 단장되고 허허벌판에 큰 호텔과 건물이 놀랍도록 우후죽순처럼 들어섰다. 건설 사업이 몇십 년 지나도 착공으로 흙 한 삽도 뜨지 못한 곳이 수두룩한데, 며칠 사이 산봉우리가 사라지고 삽시간에 사통팔달 교통과 통신이 획기적으로 뚫리며 드라마 촬영장 같은 변화의 가속도, 공사장은 활화산 같은 불이 붙는 것 같아서 놀람이었다.

 희망 사항일 줄 알았던 코레일, 서울~강릉 KTX 고속 전철이 몇 년 사이에 개통되었다. 서울~양양고속도로 건설로 동해안 90분 시대라는 새로운 단어까지도 탄생하였으니, 올림픽의 위력은 얼마나 대단한 일인가.

 연중 최저 기온과 최고 적설량을 유지하는 평창, 개막식 이틀 전 날씨가 영하 30도, 체감온도 45도 이하라고 신문이나 방송에서 보도가 남발이고. 물을 부으면 바로 얼음이 된다는 비보는 성가실 정도로 뿌려댄다. 거기에 경제 절약과 최고의 성공 목표를 위해 지붕 없는 개회식장까지 건설했다는 말을 들을 때는 개최하는 나라의 국민으로서 걱정이 안 될 수 없다.

 드디어 2018년 2월 9일 저녁 8시경 평창 올림픽 성화 봉송 불이 밝혀졌다.

 일조량이 짧은 겨울밤, 올림픽 스타디움 하늘 위로 화려한 불꽃놀이가 펼쳐지고 빙상 경기장의 빙질처럼 식순에 따라 매끄럽게 진행되던 개막식이 세계 최대의 성공이었다는 통보는 그동안 쌓인 긴장을 풀어주었다.

92개 참가국과 2,925명의 선수, 그리고 인솔자를 포함한 여행객과 국내외 국빈. 수십만 명 모두가 올림픽 기간 내 우리 운영자들과 봉사단원들이 영접해야 책무라 생각하니 걱정도 커진다.

우리 부부는 동계올림픽 기간의 번잡을 피하고자 미리 평창 강릉 경기장과 선수촌을 몇 차례 다녀왔다. 그때 올림픽 출전권을 따기 위해 세계 선수들의 라이브 예선전을 몇 종목 응원하며 관람도 했었다.

번잡한 설 연휴, 올림픽 경기장 관람 티켓도 구하지 못했는데…. 부산에서 올림픽 관람을 위해 딸네 가족이 올라왔다. 교통체증으로 보류하려 했으나 막무가내로 집을 나섰다.

관람객들의 편의를 위해 경기장과 그 안의 테마파크까지 3km 거리 전부터 다행히 차들의 진입과 출입을 2부제로 운영하고 관광버스를 왕복으로 운행해 줘서 생각보다 매우 편리했다.

목적지 테마파크에 도착하자 몰려든 사람에 놀라고 질서정연한 진행 방법에 놀라고 친절한 봉사자들의 미소에도 놀랐다. 그리고 대기업에서 진행하는 각가지 콘텐츠 관람도 볼거리이었지만, 멀티스크린에서 알파인 스키어들이 설원을 누비는 짜릿한 모습은 보기만 해도 오금이 저렸다.

인파에 밀려다니다 보니 몸은 지칠 대로 지쳤으나 한곳이라도 더 보려는 욕심일까? 어린 손자도 피로한 티도 내지 않았다.

문화와 환경, 평화와 경제를 구축하는 올림픽의 기본 정신, 자본주의와 민주주의, 공산주의 선수들이 한데 어울려 엎어지고 자빠지며 끝까지 투쟁하는 경기장의 기백을 보면서 올림픽 '정신이란 새로운 문화와 역사를 자아내는 창조자 역할이구나.' 생각도 해본다.

 '멋진 관객이 좋은 공연을 완성 시킨다.'라는 말도 있지만, 올림픽의 메달을 논하기보다 참가 선수 모두가 화합과 평화의 정신을 존중하며

 세계 7위라는 업적을 남긴 우리나라 선수 모두가 금메달감이라 생각한다. 그리고 선수 못지않게 한 달가량 동계올림픽과 패럴림픽 봉사자들, 그들의 숨은 노력과 업적, 노고도 대성공이라는 역사적인 한 페이지를 남긴 것이라 생각한다.

문화유적지 답사

 강원도 정선 아라리촌, 거기에는 강원도 지역 농경 주거생활 문화를 그대로 재현해 놓은 곳이었다. 선뜻 보기에는 하잘것없는 물건과 집들이지만, 조상들이 살아온 생활문화의 자취를 볼 수 있어 감회가 깊었다. 자칫 소홀했더라면 이런 기회마저 잃을 뻔했다는 생각도 들었다. 옛 주거생활 자료들을 고이 관리해서 보여주므로 까마득히 잃어버렸던 유물을 찾아낸 것 같아 감사하다는 기분도 들었다.
 굽이굽이 백봉령을 지나 첫 코스인 아라리촌에 도착하자 해설자는 메밀국수 같은 구수한 억양으로 작품 한 점 한 점 설명해 주었다. 어쩜 낡고 허물어진 유산들은 보존 가치가 전혀 없을 것 같이 보였지만, 백 년 이상 보존하였다고 하니 작은 하나라도 모두가 높이 평가받는 귀한 자산이라는 생각도 들었다.

주거 용품은 촌색시처럼 소박하고 왜소하였다. 그리고 양반가의 사랑채와 서재, 부인들의 일상 거처인 규방, 건넌방, 대청마루, 고방, 문간방, 정지(부엌) 모두가 아기자기하고 협소하였다. 특히 부엌의 구조는 마구간이 겸해 있고 흙으로 된 부뚜막과 아궁이는 아낙네들의 일손이 한시라도 멀어지면 안 될 것 같은 어설픈 모습이었다.

전통가옥은 지붕도 다양했다. 나무껍질로 이은 굴피 지붕과 판자로 덮은 너와 지붕, 굵은 통나무를 우물 정자 모양으로 귀를 맞추어 얹고 틈새를 흙으로 메운 귀틀집, 돌집으로 나열되어 있었지만, 예순이 훨씬 넘은 내가 보기에는 모두가 새로웠다. 그리고 물레방아, 연자방아, 서낭당, 농경시대에 사용하던 농기구들을 보니 요즘 첨단 기술로 개발된 농기계와는 대조적이었다. 시대 흐름에 맞추어 발달한 농기구의 변천 과정만 봐도 엄청난 발전의 변화였다는 느낌이 들게 했다.

두 번째 코스는 정선 오일장 관람이었다. 거기는 우리 지역에 5일마다 펼쳐지는 북평 장날보다 협소하고 파는 물건의 가지 수도 적었다. 북평 장터는 항구와 인접한 곳이라 생선 종류가 많은 데 비해 그곳에는 산채 종류가 다양했다. 그리고 특색적인 것은 지역 주민으로 구성된 강원도 무형문화재「정선 아리랑」을 장구와 물동이 장단에 맞추어 구슬프게 불러 주었는데, 그것 또한 지역 문화의 전통 맥을 후대에 전수하는 역할로 충분했다. 어쩜 그

분위기가 전통 혼례 식장의 신부 신랑이 초례상을 받은 목가적인 전원 풍경 같은 느낌도 들었다.

장바닥에는 지역 농작물인 산나물 종류와 약초, 황기와 두릅, 더덕 등을 산더미처럼 쌓아 놓고 인심까지 곁들여 판매했다. 그리고 '우리 농산물 판매' 명찰을 단 상인들은 직접 생산한 작물을 직거래로 매매하므로 소비자에게 알뜰 시장 맛까지 보게 했다. 마을 부녀회원들은 메밀부침과 수수부꾸미, 올챙이국수 등 토속 음식까지 즉석에서 만들어 판매하므로 장터를 찾은 구경꾼들은 떠들썩한 분위기와 맛에 취해 수수부꾸미를 손에 들고 다니며 먹기도 하지만, 메밀부침을 부치는 체험학습 현장은 장터의 새로운 맛을 느끼게 했다.

다음 행선지는 5대 적멸보궁인 정암사에 들렀다. 적멸보궁(불상을 봉안하지 않고 법당만 있는 불전. 5대 적멸보궁: 오대산 상원사, 양산 통도사, 영월 법흥사, 설악산 봉정암, 정선 정암사) 오르막 계단을 오르자 7층 모전석탑의 수마노탑은 부처님의 진신 사리와 유물을 봉안 후 건립하였다고 했다. 사찰 입구에 천 년 이상 된 주목은 겉은 고사 상태였는데, 속대에서 새싹이 돋아나는 것을 보며 '살아서 천 년 죽어서 천 년 산다.'라는 유래를 이해하게 되었다.

답사하는 동안 시간이 계획보다 늦어졌다. 불영계곡에 들어서자. 서산의 해님도 우리를 독촉했다. 경상북도 울진군 서면 하원리 천축산의 불영사. 대한불교조계종 제11교구 본사인 불국사의 말사이다. "『천축산불영사기(天竺山佛影寺記)』에 의하면 651년(진덕여왕 5)에 의상(義湘)이 창건했다."하며 넓은 청사진을 가르치는 안내의 설명을 대충 들으며 사찰을 향해 줄달음쳤다. 50명이 넘은 비구니들이 선방에서 정진하고 있는 사찰이라 하며 늦은 시간에는 출입이 금지된다고 했다. 연못 앞산 바위의 불상이 연못에 그림자로 아련하게 비치는 모습을 보며 신비로움이 가슴에 무엇인가 닿는 느낌도 들었다. 마침 뉘엿뉘엿한 저녁이라 승려님의 청아한 기도 소리와 은은하게 퍼지는 목탁 소리가 고요한 사찰 분위기에 맞춰 정중히 기도하는 마음 자세를 갖게 했다.

　서둘러 관광버스에 도착하자 일행들의 모습도 산을 넘어버린 해님 때문에 아련한 그림자로 비췄다. 내일을 향에 가속도가 붙은 관광버스는 유적지 답사로 지친 몸에 불안을 더하고, 불영계곡의 울창한 수림과 기암절벽에 근근이 매달린 고목, 가파른 언덕에 놓인 토종벌통, 사방이 아찔한 분위기였다. 그러나 갓 분봉한 아기 벌의 울음소리처럼 맑고 청아한 분위기, 어쩌다 뒤돌아본 도로는 산허리 구불구불 띠를 두르고 놀라서 도망치는 다람쥐는 달리는 차를 향해 밤길 조심하라며 합장으로 기도하는 모습을 보며 기사님의 행동에 위안을 받았다.

로컬푸드 매장이 주는
농민의 행복

  내가 살고 있는 곳은 인구 구만 명도 안 되는 중소 도시다. 인구밀도에 비해 칠십 대가 젊은 농업인에 속한다. 그러나 나는 기죽지 않고 우수 상품 생산을 위해 열심히 일하며 자부심이 강한 일꾼이다. 단점이 있다면 생산한 농작물을 판매하는 재능은 전혀 없었다. 품질 좋은 감자나 무, 고구마, 우수 작물은 학교 급식 납품으로 쉽게 소비가 된다. 그 외 작물은 소비자와 직거래로 판매해야 하는데…. 가장 중요한 농산물을 판매하는 재주는 전혀 없었다. 차라리 뙤약볕 아래서 구슬땀을 쏟으며 김매기 하는 것보다 훨씬 더 어려웠다. 소비자와 원활한 상호관계가 왠지 부끄러워 주저앉게 되었다.
  젊은이들은 마케팅 사업을 쉽게 하는 것 같은데, 나는 온, 오프라인 판매도 경험해 보고 브랜드 설정과 포장, 디자인과 소비자의 호감도 파악 등 모두 교육에서 배웠건만. 실천에 옮겨보려고 노력은 해 봤으나 그것마저도 중도에 포기했다. 그렇다고 시장바닥에 놓고 팔 용기는 더더욱 없어 남은 것 모두는 선심으로 소비했다.

  2022년이 되자, 동해 농협 하나로마트에서 로컬푸드 매장을 농민들께 제공해 주었다. 그곳의 이용 방법과 상품의 포장 등 실무자로부터 열심히 교육까지 받았으나 초반에는 용기가 없어 견학도 못 갔다.

  짚더미처럼 쌓인 무와 배추가 임자를 만나지 못해 저장고에서 시름시름 앓는 모습을 보노라니 속이 터질 것 같다. 막바지에 다다르자 썩는 무를 안고 통곡하는 헛꿈까지 꿨다. 애간장이 타는 입장이 되자 부끄러움이 용기로 변했다. 몇 차례 로컬푸드 매장을 찾아가 진열해 놓은 상품과 포장방법 가격표를 메모하며 관찰했다. 생산자와 소비자의 상호관계가 없이도 매매가 성립된다는 것을 깨달았다.

  여름철에 캐 놓은 감자가 몇 개월 지나자, 저장고에서 싹이 올라오기 시작했다 처음 2kg씩 포장하여 7봉을 담아 4천 원 가격표를 붙여 판매대에 올려놓았다. 하루가 지나 휴대전화에 깔린 로컬푸드 앱 감시 방을 열었더니 웬일이란 말인가 4봉이 팔려 나갔다. 그 순간 근심 걱정의 도수가 새털처럼 가볍고 호박 넝쿨 밑에서 숨어 자라는 애호박처럼 높아졌다.

그래 '언젠간 터널 속에도 빛은 들어오리라.' 스승이라는 말을 들으며 전수하던 농경 재배 방법보다 더 행복했다. 30년이 넘도록 단 한 번도 판매한 적이 없었는데…. 이렇게 쉽다니 특히 판매한 돈이 내 이름 통장으로 입금된 것을 확인하자 양쪽 입꼬리가 춤을 추고 물건이 없어서 못 파는 대신 선심은 코딱지처럼 메말라 갔다.

욕심까지 발동해서 이왕이면 친환경 인증서 스티커를 붙였더니 저장고에서 잠자던 친환경 감자, 무가 남보다 먼저 완판되었다. 거름 더미처럼 보이던 농산물이 나가면서 수심 가득했던 마음의 짐도 따라 나갔다.

한때는 농지를 팔아버리려는 생각도 했었는데…. '농협에서 로컬푸드 매장을 마련해 준 덕분에 경험이 스승이 되고 로컬푸드 매장은 행복한 농군을 만든다. 억척스럽다는 별명을 듣는 일흔 된 농민은 퇴직도 없는 평생직업에 자부심도 높아지고 앞으로 파종할 씨앗의 양과 선심을 늘려야겠다.

경북 내륙의 풍경

　겨울철이면 새벽일 것을, 2010년 6월 7시 해는 중천에 있다. 관광버스에서 나오는 클래식 음악을 들으며 시인이자 수필가 조지훈 선생 생가로 가기 위해 경북 영양군 일월면 주실 마을을 향했다. 도계를 지나 해발 730m나 되는 통릿재 막바지에 오르자 살랑 바람에 산야를 덮은 싱그러운 녹음은 모시 적삼을 입고 나들이 간 발걸음 같다. 태풍이 지나간 흔적 같은 느낌이 드는 태백역 근처는 70년대 석탄 소비가 활발할 때 유행이 서울 다음으로 간다고 했는데…. 너무 쓸쓸해져서 재잘거리던 여행객들의 입을 봉한다.
　박목월, 박두진과 함께 청록파로 알려진 조지훈 선생, 그는 고전미와 불교 세계를 노래한 것이 특징적인데, 조지훈 선생은 꽃을 보고 「완화삼」을 지어 박목월에게 전하자, 박목월은 「나그네」

라는 시로 화답하고 일제 아픈 고통을 간접적 시어로 표현하며 서로 마음도 달래지 않았던가. 서정적 분위기로 시대의 아픔을 아름답게 표현한 청록파 작가인 그들은 독자들과 상호작용으로 민족의 정서를 그려내며 시적 언어로 역사의 한을 한 땀 한 땀 엮어 어느 무기와도 대조할 수 없는 힘을 발휘한 것이나 다름없었다.

차랑차랑한 볕을 머리에 이고 도착한 주실 마을은 엄동설한에 포근한 목화솜을 덮고 잠자고 있는 듯했다. 조선 중기 때 터전을 잡은 한양 조씨들의 대종가를 비롯하여 한옥들은 보기에도 씨족 집단 같은 느낌이 들었다. 그의 생가 주변의 시비가 찾는 이들에게 아련했던 시들을 되새기는 기회도 주었다.

조선시대 유학자 류운룡 선생과 임진왜란 때 영의정을 지낸 류성룡 형제가 태어난 하회마을에 들어서자. 일손을 멈추고 한숨 자고 난 농부의 모습처럼 평온한 마을에 사람들은 갓 핀 호박꽃 같은 느낌을 자아냈다. 마을 따라 유유히 흐르는 낙동강 줄기에는 생태계 공생 원리에서 나타나는 생물체들은 얼마나 다양할까에 대해 잠시 의문에 빠지기도 했다. 와가와 초가로 보존된 하회마을은 하회탈을 이미지로 볼거리를 만들어 놓았을 줄 알았는데…. 아쉽게도 눈에 잘 띄지 않았다. 마침 하회 별신굿 공연 중이라 관객의 틈새에 끼어들어 관람했다.

고려 중엽을 시작으로 나무를 깎아 만든 탈들의 모습은 각각의 특징이 있었다. 선비탈, 이매탈, 초랭이탈, 각시탈 탈마다 그에 걸맞은 이름이 있고 코와 눈을 독특한 이미지로 부각하거나, 슬프고 심술궂거나 기쁜 인상을 강조하기도 했다. 턱을 분리해서 말을 표현할 때 움직이는 표정은 관객들에게 웃음을 주고 혼례와 신방, 강신과 무동, 주지와 백정, 양반과 선비로 펼쳐지는 굿마당에는 인간의 진솔한 감정과 우리 민중 예술의 특징을 익살스럽게 표현하는 것 같아서 쌓였던 피로를 사라지게 했다.

병산서원 길목에 들어서자. 노련한 운전자들까지도 불안에 떨 정도로 비탈진 급경사에 비포장의 울퉁불퉁 일방통행로는 요즘 흔치 않은 길이라 그것도 볼거리의 한 장면이었다.

국제화 시대의 공포 코로나19

　겨울은 감성을 낳는 계절이다. 하얀 눈과 고드름 그리고 알몸을 과시하는 앙상한 나뭇가지 모두가 상징적인 자연의 연출이다. 몇 년 전까지만 해도 폭설이 내리면 고스란히 많은 재난을 당하기만 했지만, 요즘은 계절의 특색을 살려 지역마다 경쟁이라도 하듯 진풍경을 빚어내며 관광객이 찾아들게 한다. 그로 인해 설경과 얼음으로 창작한 각종 아티스트까지 관광객의 몸과 마음을 정화하고 지역 경제 발전에도 많은 도움을 준다.

　경자년 겨울은 난데없는 기온 상승과 철에 맞지 않은 지속적인 장대비로 모든 축제를 방해해서 그루터기처럼 삭막함의 연속이다.

　그런 가운데 불청객 신종 코로나19 바이러스 감염균이 침입하여 안정된 사회 분위기를 혼란스럽게 하고 공포와 불안에 떨게

해댄다. 감염되면 폐렴과 고열, 기침과 가래 등 호흡기관을 빠르게 공격해서 귀중한 생명이 순식간에 주검이 되어도 도둑질하듯 상례를 치러야 하는 실정이니 얼마나 기막히고 두려운 일인가?

전염 속도가 너무나도 빨라서 밤사이 국경을 넘나드니 국제화 시대 나라마다 자국민의 보호를 위해 경쟁이라도 하듯 전세기로 귀환시켰다. 날씨나 온도를 막론하고 무작위로 인간에게 공격하는 코로나19 때문에 사회적 가족적 거리 두기라는 신종 언어로 모든 집단과 교육기관 장소까지 통제하고 매스컴은 머리말부터 특종기사다.

세계가 톱니바퀴처럼 순조롭던 경제 산업의 교류가 코로나19 감염의 직격탄으로 저성장 저물가라는 위험사태도 발생하고 있다. 그로 인하여 관광산업과 수입수출 현장의 연결 고리까지 낡은 새끼줄처럼 뚝뚝 떨어지는 것 같아서 왠지 두렵고 앞날의 살아갈 일도 걱정된다.

전염병은 무서운 염병이라는 것으로 알고 있다. 예방을 위해 공중위생 관리도 매우 중요하고 신약을 개발하여 치료하기까지는 오랜 시간이 걸린다고 한다. 특히 온도에 따라 변이되고 공격이 빠른 코로나19를 막을 수 있는 백신 개발은 더 많은 시간이 필요하다는데…. 하루라도 속히 성공했다는 팡파르가 울리기를 간절히 기도해 본다.

끈질기도록 인간에게 침투하는 코로나19로 국민 모두가 마스

크 착용으로 생활해야 하는 실정이 되었다. 그리고 관혼상제의 참석 인원도 규제받는 사회 분위기다. 또한, 휴교할 수밖에 없는 어린이집과 유치원 학교까지 원격교육이라는 새로운 배움의 길도 열렸다. 그로 인해 맞벌이 부부가 아이 돌봄 교사를 구하지 못해 재택근무라는 일자리도 발생했다. 온, 오프라인 교육으로 처음에는 초유의 사태가 벌어지는 등 만사가 실수를 거듭했지만, 우리 국민의 강인한 정신과 단합된 의지로 혼란스럽던 분위기가 안정되는 것 같아서 그나마 다행스럽다.

그렇지만, 경제성장에 많은 도움을 주던 소상공인이나 중소기업들의 폐업 안내문이 즐비하다. 꽉 막힌 수입 수출과 일손 부족으로 수확할 농작물을 바라보는 농민의 마음은 얼마나 애간장이 탈까. 설상가상 하루아침에 가장이 실업자가 되는 것은 또 어떻게 감내해 나갈까. 이렇게 불안과 초조한 시기에 자가 격리 대상자의 이탈 문제로 다시 3차, 4차 전염이 발생한다니 답답하더라도 내 하나쯤이야 하는 생각을 버리고 제발 힘을 합쳐 극복하자고 외치고 싶다.

경제가 흔들리고 어수선할수록 근거 없는 유언비어가 남발하지 않았으면 좋겠다. 특히 백년대계를 바라보며 소중한 인생의 전환점에 선 청소년들 앞에서 헐뜯고 비방하면 그네들의 꿈에 혼란이 올까 더 두렵다.

코로나19 방역은 국가마다 국민의 생각과 성질, 행동 즉 국민성에 따라서 견해 차원이 다르다는 것을 알게 되었다. 우리나라도 초창기에는 시행착오가 발생했으나 국민 모두 단합 정신으로 차분히 역경을 잘 극복해내는 중이라고 생각한다. 그리고 고군분투하는 의료진들과 자율 방역 단원, 공무원들과 간호사 선생님들의 끈질긴 희생정신 덕분에 코로나 환자가 완치되었다는 통계 보도를 들을 때마다 너무나도 감사하며 용기도 생긴다.

 새로운 겨울이 온다는 소식은 떠들썩한데, 아직 막장 터널에서 벗어나지 못하는 코로나19, 백신 개발 성공의 안부는 언제쯤 오려나.

 하루라도 빨리 공포의 늪에서 탈피하여 삶의 현장으로 자유롭게 활보하고 싶다.

 고유의 명절 추석에도 고향에 온다는 자식들에게 한사코 다독이며 불참을 호소하는 부모의 입장이 되었다. 부자의 상봉을 자진해서 통제하고 손자들을 보고 싶은 할머니의 간절한 마음도 참아야 하는 세월이지만. 오는 겨울 빙상에서 어깨동무하며 한마당 축제 현장이 개최되기를 염원해 본다.

솔향 가득한 우리 집

발행일 2024년 6월 25일

지은이 함인숙

발행인 강병욱
발행처 도서출판 교음사

03147 서울 종로구 삼일대로 457 수운회관 1308호
Tel (02) 737-7081, 739-7879(Fax)
e-mail : gyoeum@daum.net
등록 / 제2007-000052호

* 잘못된 책은 바꿔 드립니다. 값 13,000원

ISBN 978-89-7814-990-7 03810

- 이 도서 내용의 전부 또는 일부를 재사용하려면 저작권자와 교음사의 동의를 받아야 합니다. 지은이와의 협의 하에 인지는 생략합니다.

- 이 도서는 강원특별자치도, 강원문화재단 후원으로 발간되었습니다.